Los tiempos establecidos por Dios

Los tiempos establecidos por Dios

Una guía práctica para entender
y celebrar las fiestas bíblicas

Barney Kasdan

Libros Lederer
una división de
Messianic Jewish Publishers
Clarksville, Maryland

Título de este libro en inglés: God's Appointed Times
Versión en español: Patty Garibay

Impreso en Los Estados Unidos de América
Primera Edición Publicada 1993
11 10 09 08   5 4 3 2 1

ISBN-10: 1-880226-55-3
ISBN-13: 978-1880226-55-1

Numero de Control de la Liberia del Congreso: 2007921566

Libros Lederer
una división de
MESSIANIC JEWISH PUBLISHERS
6120 Day Long Lane
Clarksville, Maryland 21029

Distribuido por
Messianic Jewish Resources International
Línea para órdenes: (800) 410-7367
Correo-e: lederer@messianicjewish.net
Sitio web: www.messianicjewish.net

CONTENIDOS

Reconocimientos vii

Introducción ix

Capítulo 1: Shabat – El Sábado 1

Capítulo 2: Pésaj – La Pascua 27

Capítulo 3: Sefirat HaOmer – La fiesta de las Primicias 45

Capítulo 4: Shavuot – La fiesta de las Semanas 57

Capítulo 5: Rosh HaShaná – El Año Nuevo 71

Capítulo 6: Yom Kipur – El día de la Expiación 87

Capítulo 7: Sukot – La fiesta de los Tabernáculos 103

Capítulo 8: Hanuká – La fiesta de la Dedicación 123

Capítulo 9: Purim – La fiesta de Ester 141

Conclusión: El gozo de los días de fiesta 157

Apéndice 1 159

Apéndice 2 163

Apéndice 3 171

Bibliografía 173

RECONOCIMIENTOS

Me gustaría agradecerle a un número de personas quienes fueron instrumentales en la finalización de este libro. Kathy McGrath fue una ayuda enorme con su habilidad en formatear y con muchas de las imágenes.

Thomas Solomon le añadió mucho a esta obra con sus ideas y gráficos creativos. Mucha de la música, las cual sé que será una bendición a mucha gente, fue compilada por Sebastián Winston con el apoyo informático de Chris Vitas.

Ofrezco un agradecimiento especial a todos los miembros de Kehilat Ariel Messianic Congregation (Congregación Mesiánica Kehilat Ariel) de San Diego, California por todo su estímulo. En un sentido real, esta congregación sirvió como un laboratorio vivo para probar cómo todas las fiestas bíblicas pueden ser aplicadas para los creyentes en Yeshúa como Mesías.

Aprecio mucho a Barry Rubin y Messianic Jewish Publishers por su apoyo y su dirección en la publicación de este libro.

Mi esposa, Liz Kasdan, merece reconocimiento especial no solo por compilar las maravillosas recetas, sino también por ser una pareja colaboradora en todo aspecto de nuestra vida junta.

En conclusión, toda la gloria es para mi redentor, Mesías Yeshúa, quien entiendo aún mejor por medio de los tiempos establecidos de mi padre celestial. ¡Bendito sea!

INTRODUCCIÓN

Una búsqueda de las raíces judías

Algo raro se está moviendo entre los creyentes de Yeshúa (Jesús) hoy en día. Lo debió haber notado puesto que está interesado en un libro como este.

A través de la historia de la Iglesia habido un abismo de confusión entre la Iglesia (el cuerpo del Mesías) y el pueblo judío. Tanto los cristianos como los judíos han falsamente concluido que hay poca conexión práctica o real entre el cristianismo y la vida judía. Sin embargo, estos puntos de vista están basados en la ignorancia o en presuposiciones falsas.

Mientras se estudia objetivamente el Nuevo Testamento, se encuentra que no hay escape de las raíces judías inherentes de la fe en Yeshúa, el Mesías. Jesús mismo fue un judío tradicional que vivía en la tierra de Israel. Él llamó a otros judíos a seguirlo como *Mashíaj* (Mesías), el ungido de Dios. Sus primeros seguidores se consideraban judíos que habían encontrado el Mesías prometido; por lo tanto, naturalmente continuaron la expresión judía de su fe.

Es, yo creo, una tragedia que la comunidad cristiana, por lo general, no ha entendido la herencia rica sobre la cual está construida su fe. Sin embargo, muchos de los creyentes que están redescubriendo estas conexiones, se están preguntando cómo pueden entender las raíces judías de su fe de una manera práctica. Las fiestas bíblicas son una manera pragmática. Estas fiestas fueron reveladas por Dios para sus propias razones particulares, y por medio de ellas todos los creyentes pueden ser bendecidos, judíos y gentiles.

El propósito de las fiestas bíblicas

Las Fiestas del Señor, o las fiestas bíblicas, nos enseñan sobre la naturaleza de Dios y su plan para la humanidad. Un pasaje típico respecto a las fiestas se encuentra en el Nuevo Testamento.

> *Así que nadie los juzgue a ustedes por lo que comen o beben, o con respecto a días de fiesta [judía], de [Rosh Jódesh] o de [Shabat]. Todo esto es una sombra de las cosas que están porvenir; la realidad se halla en [el Mesías]* (Colosenses 2:16-17).

Mientras este pasaje a menudo se entiende "evite el legalismo," se declara otra verdad. Es verdad que las "fiestas" no son las metas principales de la fe, aun así contienen lecciones enormes para los hijos de Dios. Las fiestas no son tangentes anticuadas a la fe pero, de un aspecto positivo, verdaderamente son sombras o modelos legítimos de la verdad de Dios. Esto es algo que debería ser explorado de una manera positiva, no rechazado como legalismo.

Por ejemplo, el Sábado tiene mucho por enseñarnos de nuestras vidas semanales. La Pascua está llena del simbolismo de la muerte, el entierro, y la resurrección del Mesías. Rosh HaShaná y Yom Kipur no son obsoletos, pero continúan a declarar la realidad del regreso de Yeshúa a esta tierra.

En breve, todas las Fiestas del Señor se les fueron dadas a Israel y a los creyentes "injeridos" para enseñar, de una manera práctica, más acerca de Dios y de su plan para el mundo. Cuando son analizadas en un buen espíritu, ¡hay algunas nuevas verdades excitantes esperando por ser redescubiertas a través la participación en las fiestas judías/bíblicas!

La continuidad de las fiestas bíblicas

Algunos creyentes entienden, por lo menos de una manera teórica, que las fiestas proveen enseñanza excelente para creyentes. Pero, a causa de ciertas posiciones teólogas, estos creyentes dudan el valor de la continuación de las celebraciones hoy en día. Su contención es que estas fiestas han cesado a ser pertinentes porque Jesús *cumplió* todos sus simbolismos en su vida y ministerio terrenal. Mientras hay un cumplimiento a las fiestas, también hay una continuación de la expresión práctica de estas fiestas.

Yeshúa mismo observó las varias fiestas durante su vida terrenal. Los escritores del Evangelio nos dicen que la costumbre de él era de alabar en el Sábado (Lucas 4:16). Fue durante la Fiesta de los Tabernáculos (Sukot) que Yeshúa ofreció "agua viva" a la multitud judía (Juan 7:37-39). Uno de sus sermones más poderosos, en el cual él proclamó sus Medianidad, tomó lugar en el Templo durante la Hanuká (Juan 10:22-30). La vida y el ministerio terrenal del Mesías enseñan la continuidad de las fiestas bíblicas.

Esta continuidad no ceso de repente con la generación apostólica que siguió. Aunque hay varias declaraciones en el Nuevo Testamento que nos causan a pensar cuidadosamente acerca de un equilibrio con respecto a las fiestas, hay clara indicación que los primeros seguidores de Yeshúa continuaron las prácticas.

Fue en *Shavuot*/Pentecostés que se reunieron los primeros creyentes para el culto para proclamar el Mesías resucitado (Hechos 2). En su discusión sobre el significado espiritual de la Pascua, Pablo les exhorta a los creyentes de Corinto (un grupo mixto de judíos y gentiles) "celebremos nuestra Pascua" (1 Corintios 5:8) con buena comprensión. Hay pruebas en abundancia que los discípulos comprendieron y continuaron a celebrar la maravillosa verdad de Dios por medio de las fiestas delineadas en las Escrituras. Esto es un ejemplo para los creyentes de hoy. Hay mucho por ganar en continuar a observar las fiestas en la generación actual.

La libertad de las fiestas bíblicas

Se necesita hacer una nota final mientras consideramos la celebración de las fiestas por los creyentes.

Espero que esté usted entusiasmado sobre las razones positivas de comprender e incorporar las fiestas a su vida. De suprema importancia es el énfasis sobre nuestra libertad en el Mesías. Estos días, al igual con cualquier otra costumbre bíblica, no están supuestos a someternos a la servidumbre del legalismo. Mesías Yeshúa es nuestra suficiencia total en toda nuestra comprensión espiritual ante Dios (Gálatas 5:1).

Pero aún así, hay algunas razones poderosas para celebrar las fiestas. Espero que usted descubra, tal como lo han hecho muchos creyentes, que una celebración equilibrada de las fiestas es una maravillosa bendición. Las fiestas bíblicas enseñan mucho acerca de quien es Dios y de su plan emocionante para la vida. ¡Es mi oración que esta bendición positiva será suya a medida que vaya mejor comprendiendo y celebrando los tiempos establecidos por Dios!

BARNEY KASDAN

🕎 Shabat

El Shabat

Antecedentes históricos

> *El Señor le ordenó a Moisés que les dijera a los Israelitas:*
> *«Éstas son las fiestas que yo he establecido, y a las que*
> *ustedes han de convocar como fiestas solemnes en mi*
> *honor. Yo, el Señor, las establecí. Trabajarán ustedes durante*
> *seis días, pero el séptimo día es de reposo, es un día de fi-*
> *esta solemne en mi honor, en el que no harán ningún*
> *trabajo. Dondequiera que ustedes vivan, será sábado*
> *consagrado al Señor.»* (Levítico 23:1-3.)

Tal vez les sorprenda a algunos ver que se inicie una discusión acerca de los días de fiesta bíblicos con el sábado.
Después de todo es un día muy común, ocurre una vez por semana. Pero la perspectiva judía al respecto es totalmente diferente. No es que el sábado sea tan común, sino que es tan
especial, que lo tenemos que guardar cada siete días. Con esto
en mente, es perfectamente lógico colocar el sábado a la cabeza de la lista. Además, en la cronología de Levítico 23, el sábado viene en primer lugar.

La palabra sábado significa «descansar», y esto nos dice ya gran parte del propósito de esta observancia importante— la restauración. Desde los tiempos de los griegos antiguos y hasta el ejecutivo moderno de hoy en día, el hombre tiende a obsesionarse con su trabajo y con «salir adelante.» Siempre hay más que hacer. Pero sin el descanso adecuado, la fuerza humana y la creatividad tienden a fallar.

En su sabiduría infinita, Dios les dijo a los hijos de Israel que recargaran sus fuerzas física, emocional y espiritualmente. Dios demostró este principio cuando creó el universo. Durante seis días formó al mundo y todo lo que hay en él; pero en el séptimo día, descansó. Por consiguiente, el séptimo día, el sábado, viene a ser un recordatorio perpetuo de Dios el creador y de nuestra necesidad de encontrar descanso en Él. (Éxodo 31:16-17)

Basándonos en el relato de la creación de Génesis, el sábado dura desde la puesta del sol en la tarde el viernes hasta la puesta del sol el sábado. Dios define un día con el siguiente orden: «Y vino la noche, y llegó la mañana.» Por lo tanto, el calendario hebreo se inicia el día tradicionalmente al atardecer de la noche anterior.

Algunos cristianos le han llamado al domingo el «sábado cristiano»; sin embargo, esto es técnicamente incorrecto. Nunca vemos en la Biblia que se le llame al domingo el sábado. De hecho, la palabra «domingo» nunca aparece en el texto original de las Escrituras. Se le llama «el primer día de la semana» (ver Mateo 28:1 y 1 Corintios 16:2 NVI). Éste es el estilo bíblico de estipular los días de la semana. Todos los días se cuentan en relación al sábado (primer día, segundo día, etc.), proporcionando más evidencia de la centralidad de este día al pueblo judío.

Celebración judía tradicional

La comunidad judía tradicional entiende la observancia del sábado en muchos diferentes niveles. Para los rabinos clásicos, versículos como Éxodo 20:8 venían a ser algo eminentemente práctico: «acuérdate del sábado para consagrarlo.» Las implicaciones de este versículo han llenado volúmenes de comentarios rabínicos, pero el tema doble es claro: recuerda al creador y aparta un día para descansar en Él. Muchas hermosas costumbres judías se han desarrollado para recordarle a la gente de estas verdades.

La preparación para el sábado realmente comienza al principio de la tarde el viernes . Ya que se trata de un día de fiesta, se usan la mantelería y los cubiertos más festivos para decorar la mesa. Es la costumbre servir la mejor comida de la semana en la noche del sábado para enfatizar el tono especial de él.

Se colocan dos candelabros con velas en la mesa o en otro lugar especial. Esto simboliza el mandamiento doble de recordar y santificar. De acuerdo con la interpretación rabínica, se encienden las velas dieciocho minutos antes de la puesta del sol para que no se considere el mismo acto como trabajo hecho en el sábado. Las bendiciones en hebreo son tradicionalmente dichas por la mujer de la casa, aunque cualquiera puede cumplir con este deber. Con un velo cubriéndole la cabeza, la mujer enciende las velas. Luego mueve los brazos en un círculo, como atrayendo el calor de las velas. En seguida repite las siguiente bendiciones:

Barukj atah Adonai Elojenu melekh ha-olam,
asher kidshanu be-mitzvotav ve-tzi-vanu
le-jadlik ner shel Shabat.

Bendito eres Tú, oh Señor nuestro Dios, Rey del universo,
que nos has destacado por tus mandamientos
y nos has mandado encender las luces del sábado.

Después de esto, la mujer cierra los ojos por un momento y hace una oración silenciosa. Esto también sirve un buen propósito rabínico. Si no se debe trabajar el sábado, ¿cómo es que están encendidas las velas? Los rabinos dicen que el sábado no comienza hasta que la mujer abre los ojos y ve las velas ya encendidas; de ahí el tiempo necesario de oración.

Con las velas encendidas, la familia ahora recita la bendición sobre el vino o jugo de uva, el cual se sirve en una copa *kidush* especial, una copa de santificación. El fruto de la vid ha simbolizado desde siempre el gozo de recibir la provisión de Dios en nuestra vida cotidiana. (Salmos 104:15). Puede ser una sóla copa, o todos presentes en la mesa pueden tener sus propias copas. Una vez levantadas las copas, el señor de la casa (si se aplica) dirige al grupo en la siguiente bendición:

Barukj atah Adonai Elojenu melekj ja-olam, borey pri ja-gafen.

Bendito eres Tú, oh Señor nuestro Dios, Rey del universo,
que crea el fruto de la vid.

Luego viene la bendición del *jalá*, el pan hecho a base de huevo y en forma de trenza que es el pan tradicional para la ocasión. Normalmente hay dos panes de molde. Ellos representan la doble porción de maná que se proveía antes del sábado a los israelitas en el desierto. Éstos se colocan en un «plato de la jalá» decorativo y se cubren con una servilleta especial que representa el rocío que caía junto con el maná. El líder de la mesa ahora quita la cubierta de la jalá, levanta el plato para que todos lo vean y canta lo siguiente:

Barukj atah Adonai Elojenu melekj ja-olam ja-motzi lekjem min ja-aretz.

Bendito eres Tú, oh Señor nuestro Dios, Rey del universo,
que sacas pan de la tierra.

El pan se parte por lo general con las manos y no se usa ningún cuchillo. Esto es con la idea de simbolizar el día en que las armas sean eliminadas con la venida del Mesías. (Isaías 2:4) Se comparte una porción de pan con cada persona en la mesa. Algunos le ponen sal a la jalá para simbolizar la sal en los sacrificios en la era del Templo.

Mientras se va pasando el pan, se saludan todos con un «¡Shabat-Shalom!» (paz en el sábado) que a menudo va acompañado de un abrazo o un beso.

Antes de cenar, se hace una bendición final—la oración sobre los niños. El padre de familia coloca la mano en la cabeza de su hijo y dice:

Ye-simkja Elohim ke-Efraim ve- kji Manashe.

Que el Señor te haga como Efraín y Manasés. (Génesis 48: 20)

Para las hijas, la bendición es un poco diferente:

Ye-simekj Elohim ke-Sarah, Rivkah, Rajel ve-Leah.

El Señor te haga como Sara, Rebeca, Raquel y Lea.

La esposa también recibe una bendición, al leerse el *aisjet jayil,* que es la mujer virtuosa de Proverbios 31:10-31.

El sábado tiene la intención de ser un maravilloso tiempo de convivencia familiar y de adoración del Señor nuestro Dios.

Se sirve la cena festiva seguidamente y se disfruta de un tiempo de apacible convivencia, pues para variar, nadie tiene prisa. Incluso después de la cena, se cantan muchas *ze-mirot* (canciones) tradicionales, incluyendo la oración de acción de gracias por la comida, que se canta en hebreo después de cenar. La mayoría de las sinagogas tienen un servicio de Erev Shabat, (servicio de la noche de Shabat).

El sábado por la mañana, hay que alistarse para asistir al servicio principal en la sinagoga. Una parte importante de la práctica del Shabat es asistir a los servicios en forma corporativa. Desde los días de Moisés, estos servicios han tenido lugar en el tabernáculo y en el templo para cumplir con el mandamiento de tener una «fiesta solemne» (una convocación santa) al Señor (Levítico 23:3). Con la destrucción del templo, esto ha continuado practicándose en las sinagogas de la dispersión.

El Shabat no sólo le proporciona a la gente judía un tiempo de descanso físico, sino que también le permite enfocarse en el creador, el Dios de Israel.

El servicio típico, aunque se maneja con cierta flexibilidad, ha tenido la misma estructura básica desde los tiempos de Esdras y Nehemías (Nehemías 8). Se comienza con salmos de adoración e himnos basados en gran parte en el libro de los Salmos, junto con lecturas rabínicas posteriores. Después se procede a la lectura pública y el canto de los rollos de la Torá (la ley) y la *Jaftorá* (los profetas). Estas lecturas están basadas en pasajes selectos que se repiten en ciclos anuales o de cada tres años. La tercera parte principal del servicio es un sermón sobre la lectura semanal.

Después de un himno final, se concluye el servicio con el *Oneg Shabat* (Delicia del Shabat), que consiste en una pequeña cantidad de vino o jugo de uva junto con un refrigerio. Esta costumbre se basa en el pasaje en los profetas donde a Israel se le da el mandamiento de «referirse al sábado como una delicia.» ¿Y qué manera más buena de simbolizar esto que con un bocadillo delicioso? Después del oneg, la mayoría de la gente regresa a su casa para almorzar y pasar el resto de la tarde visitando con amigos o descansando.

Gran parte de la liturgia cada semana es algo ya estandarizado. Sin embargo, hay bendiciones adicionales que se cantan una vez al mes para Rosh Kodesh (la luna nueva), un día de fiesta especial que está relacionado con el Shabat. En tiempos bíblicos, ésta era evidentemente una fiesta importante para recordarles a los israelitas acerca de la naturaleza cíclica de la vida (1 Samuel 20:5; Isaías 1:13,66:23). El tiempo sigue marchando hacia su meta; por lo tanto, deberíamos de contar bien nuestros días para que nuestro corazón adquiera sabiduría (Salmos 90:12)

Ya que el mes judío comienza con la luna nueva, se volvió costumbre bendecir a Dios en el sábado que le precede por el nuevo mes que Él proporcionaba. En las sinagogas modernas, Rosh Kodesh no es un sábado en sí mismo, pero se le recuerda simplemente por medio de algunas adiciones a la liturgia como éstas:

Que sea Tu voluntad, Oh Señor nuestro Dios y Dios de nuestros padres, renovar para nosotros este mes que está por llegar, para nuestro bien y para bendición.... El nuevo mes de _____ que iniciará el _____.

Que el Santo, bendito sea Él, renueve este mes para nosotros y para todo su pueblo, la casa de Israel, para vida y paz, para alegría y gozo, para salvación y confort; y digamos todos, «Amén» (Libro de oraciones para el sábado y fiestas, *pág.129*)

Ya que al sábado se le considera como algo tan especial, no hay sólo una forma especial de recibirlo el viernes por la noche, sino que también hay un cierre especial el sábado por la noche. Para distinguir al Shabat de todos los otros días, los rabinos crearon un servicio llamado *Javdalá* (que quiere decir «separado»en hebreo). Este servicio es muy sencillo que consiste en algunos elementos simbólicos interesantes.

Primero se enciende la vela trenzada de Javdalá. Esto nos recuerda que la luz del Shabat pronto partirá. La lectura tradicional es Isaías 12:2, «¡Dios es mi salvación!» En Hebreo, salvación se dice «yeshúa.»

Se va pasando entre todos una caja con especies *besamim.* Cada persona sacude la caja y huele el aroma de las dulces especies que hay dentro. Esto sirve para recordar la dulzura del sábado que está por partir. Después de hacer la bendición tradicional, se pasa una copa de vino o de jugo de uva por la mesa y cada persona toma de la copa. Al final la vela se apaga en las gotas que quedan en la copa.

El servicio Javdalá cierra con una canción muy significativa: *Eliyaju Ja-Navi* (Elías el profeta). Es una canción con un contenido mesiánico muy fuerte. «Que Elías venga pronto con el Mesías, hijo de David.» Con la puesta de sol, el sábado por la tarde, inicia una nueva semana. Después de haber disfrutado el refrescante descanso y la adoración del Shabat, es apropiado considerar el último cumplimiento profético del Shabat, cuando el Mesías venga con su reino de paz y descanso.

El Shabat en el Nuevo Testamento

Ya que el Shabat tiene un papel tan central en la tradición judía, es natural esperar encontrar mención de la manera de observar esta fiesta en el Nuevo Testamento. Mucho del servicio del Shabat para la sinagoga se deriva de Nehemías 8. Sin embargo, el relato más detallado en las Escrituras de tal servicio se encuentra en los evangelios.

> *Fue a Nazaret, donde se había criado, y un sábado entró en la sinagoga, como era su costumbre. Se levantó para hacer la lectura, y le entregaron el libro del profeta Isaías. Al desenrollarlo, encontró el lugar donde está escrito:*
> *«El Espíritu del Señor está sobre mí, por cuanto me ha ungido para anunciar buenas nuevas a los pobres. Me ha enviado a proclamar libertad a los cautivos y dar vista a los ciegos, a poner en libertad a los oprimidos, a pregonar el año del favor del Señor.»*
> *Luego enrolló el libro, se lo devolvió al ayudante y se sentó. Todos los que estaban en la sinagoga lo miraban detenidamente, y él comenzó a hablarles: «Hoy se cumple esta Escritura en presencia de ustedes.»* (Lucas 4:16-21).

Este servicio de la sinagoga del primer siglo está descrito con asombroso detalle en este pasaje. Nótese la lectura de los rollos de la Torá y de la Jaftorá por un lector especial. Yeshúa leyó de la porción Jaftorá ese Shabat al pasar a Isaías 61, una sección obviamente mesiánica. Al último lector se acostumbraba darle el honor de exponer la lectura en profundidad con un sermón. ¡Y qué sermón fue! Yeshúa proclamándose el mismo Mesías prometido para cumplir este ministerio.

La reacción ante un sermón tan controversial fue mixta. Algunas personas «dieron su aprobación» (v.22) mientras otras «se enfurecieron» (v.28). El mensaje de Yeshúa, inclusive hoy en día, sigue causando la controversia. O fue gran engañador o es el Mashíaj, el ungido, que cumple las escrituras hebreas. Para muchas personas hoy en día, tanto judíos como gentiles, ¡sus palabras retumban con la verdad de Dios!

Yeshúa tenía el costumbre de acudir a la adoración del servicio semanal del Shabat. ¿Qué otra cosa podría hacer? Nació judío y vivió una vida consistente con mucho del judaísmo tradicional de su tiempo. Asimismo, los primeros discípulos judíos continuaban observando las formas tradicionales de la adoración en la sinagoga. (Ver algunos ejemplos en Hechos 13:13 y 18:4).

Esto no implica que Yeshúa estuviera de acuerdo con cada detalle o cada actitud rabínica acerca de las prácticas del Shabat. De hecho, trató de corregir ciertas cuestiones de la perspectiva rabínica en que las cosas ya se habían salido de equilibrio, recordándole a la gente que «El sábado se hizo para el hombre, y no el hombre para el sábado» (Marcos 2:27).

Tristemente, muy a menudo el pueblo se olvidaba de hacer del sábado una delicia, relegándolo nada más a una lista de reglas. Yeshúa le desafiaba al pueblo de su tiempo a quedarse en un balance bíblico, a entrar en el verdadero descanso del espíritu de Dios. Esta misma exhortación aplica a nuestra generación.

El cumplimiento profético

El cumplimiento profético del Shabat se sumariza en el libro «Hebreos» o «Judíos Mesiánicos» en el Nuevo Testamento. Este libro está dirigido a los judíos mesiánicos del primer siglo:

> Por consiguiente, queda todavía un reposo especial para el pueblo de Dios; porque el que entra en el reposo de Dios descansa también de sus obras, así como Dios descansó de las suyas (Hebreos 4:9-10).

El descanso espiritual es el cumplimiento profético de la práctica bíblica del sábado . El séptimo día (Shabat) es un recordatorio maravilloso del día venidero en el que apartamos un día para descansar en el Mesías. El reinado de 1000 años de Yeshúa será un hermoso tiempo de descanso y adoración corporativa del Rey. ¡Que venga pronto! Mientras tanto, el Mesías nos manda a que experimentemos la verdad del Shabat en nuestro caminar cotidiano: «Vengan a mí todos ustedes que están cansados y agobiados, y yo les daré descanso» (Mateo 11:28). Al celebrar el Shabat, ¡que el descanso espiritual en Yeshúa sea nuestra experiencia constante!

Una guía práctica para los creyentes en Yeshúa

Hay muchas maravillosas lecciones del Shabat que los creyentes en Yeshúa pueden disfrutar. Igual que todas las demás fiestas, el elemento más importante es el espíritu con el que observamos los días santos. Muchas expresiones prácticas de observar el Shabat tenían el propósito de ilustrar el descanso y la restauración que Dios le ofrece a su pueblo. Los creyentes mesiánicos pueden apreciar en su totalidad este descanso al habitar en el Mesías.

Como creyentes en el Mesías, podemos observar el Shabat en una multitud de maneras, dependiendo de las convicciones y los deseos de cada uno. Se puede apartar tiempo por la tarde el viernes para prepararse para el día de descanso (Lucas 23:54). Al acercarse la puesta de sol la familia se reúne, vestida de ropa de fiesta, para hacer las bendiciones con las que se recibe el Shabat y para santificar la comida. (Ver la bendición tradicional arriba).

Los judíos mesiánicos y los gentiles mesiánicos pueden, si les gusta, modificar la bendición tradicional para darle un carácter mesiánico más específico. Sobre las velas, se puede pronunciar lo siguiente:

Barukj atah Adonai Elojenu melekj ja-olam
asher kidshanu be-mitzvotav le-jaiyot or le-goyim
ve-natan-lanu Yeshúa me-shikjaynu ja-or la-olam.

Bendito eres Tú, oh Señor nuestro Dios, Rey del universo, que nos has santificado con tus mandamientos y nos has mandato ser una luz a las naciones y nos has dado a Yeshúa, la luz del mundo.

En seguida, se cantan las bendiciones sobre el vino y el pan. Las bendiciones tradicionales son consistentes con la fe en Yeshúa y deben ser suficientes para el kidush y motzi (ver arriba). De la misma manera, las hermosas bendiciones de las escrituras para la esposa (Proverbios 31) y para los niños (Génesis 48:20) pueden ser maravillosos puntos focales para la cena en la noche del Shabat.

Despues de esto, se sirve la cena festiva adornada con todo lujo, para manifestar la naturaleza especial de este día santo. Después de la cena, puede disfrutarse de un tiempo de gozo entre familia, con cantos tradicionales o canciones mesiánicas. Todas las costumbres son recordatorios del descanso completo que hemos encontrado en Yeshúa Ja-Mashíaj (Mateo 11:28).

Puede que haya una congregación mesiánica en el área donde vive que tiene servicios de Shabat. Muchas de ellas llevan a cabo un servicio Erev Shabat el viernes por la noche, que es una manera significativa de reunirse como la familia corporativa de Dios.

La mayoría de los grupos mesiánicos tienen también un servicio de Shabat el sábado por la mañana. Existen muy fuertes razones para esto, ya que éste es tradicionalmente el servicio en que se lee el rollo de la Torá. También se prestan las circunstancias para tener una escuela sabática para los niños. Cualquiera que sea el programa que se sigue, las escrituras nos exhortan a que no dejemos de congregarnos para adoración, instrucción y convivencia (Hebreos 10:25; Levítico 23:3). Si no hay una sinagoga mesiánica en su área, ¿por qué no considerar la posibilidad de celebrar la fiesta en casa con otras familias interesadas?

Hay muchas opciones buenas para continuar en el espíritu del Shabat después del servicio del sábado por la mañana. Tal vez una comida con familiares o amigos, la cual crea la oportunidad de desarrollar amistades espirituales más profundas. Por otro lado, siguiendo en el espíritu del descanso, muchos prefieren tomar una siesta y reposar el resto de la tarde. En la sociedad de hoy en día el ritmo es tan acelerado que la gente necesita tomarse el tiempo para volver a cargar sus baterías, tanto físicas como espirituales.

Pueden incorporarse modificaciones mesiánicas en el servicio de Javdaláh, pero no se necesita hacer ningún cambio al servicio tradicional (ver arriba). La vela de Javdaláh y las especies sirven como recordatorio gráfico del día venidero cuando Yeshúa Ja-Mashíaj establezca su verdadera luz de Shabat y la dulzura de su reino venidero. Esperemos que nosotros, sus seguidores, podamos apreciar el anticipo de esta verdad al observar este día santo con tanta riqueza, como lo es el Shabat.

Recetas para el Shabat

PLATO PRINCIPAL DE POLLO

INGREDIENTES:

Hasta 4 libras (2 kilos) de pollo cortado en piezas con o sin la piel

- ¼ taza de harina
- ¼ cucharadita de sal
- ¹⁄₁₆ cucharadita de pimienta
- ¼ taza de aceite de oliva o aceite vegetal
- 1 cebolla pequeña en rebanadas
- 1 diente de ajo picado
- 3 o 4 tallos de apio picados
- 1 zanahoria mediana cortada en trozos
- 1½ taza de caldo de pollo caliente
- 1 taza de hongos/champiñones guisados

INSTRUCCIONES:

Mezcle la harina, sal y pimienta en una bolsa de plástico. Ponga una o dos piezas de pollo en la bolsa de plástico, ciérrela y sacúdala vigorosamente. Repita hasta que todas las piezas estén totalmente cubiertas. En un sartén grande fría las piezas en el aceite hasta que queden de un color dorado. Ya que están doradas, póngalas en un molde refractario bastante grande para que quepan todas las piezas extendidas.

En el aceite que queda, fría la cebolla, el ajo, el apio y la zanahoria por 10 minutos. Ponga los vegetales sobre el pollo. Añada el caldo. Tápelo y métalo al horno por 2 horas a 350°F (180°C) o hasta que esté suave. Agregue los hongos/champiñones durante los últimos 5 minutos de cocimiento.

PASTEL DE SHABAT

INGREDIENTES:

2½ tazas de azúcar
1 taza de aceite
1 cucharadita de vainilla
4 huevos
3 tazas de harina
1 cucharadita de levadura en polvo
2 cucharaditas de bicarbonato de sodio
1 taza de chocolate en polvo (Cocoa Hershey's), o una bebida de chocolate (el chocolate de hornear hace el pastel más espeso)
2 tazas de café líquido

INSTRUCCIONES:

Mezcle el azúcar, aceite, vainilla y huevos. Gradualmente añada los demás ingredientes secos, terminando con el café líquido. La mezcla será muy líquida. Hornee a 350°F (180°C) por 45 minutos en un molde redondo engrasado o en dos moldes para pan. Introduzca un palillo para saber si el pastel ya se ha cocido. Deje que se enfrié completamente antes de sacarlo del molde.

HÍGADO PICADO

INGREDIENTES:

1 libra (½ kilo) de higaditos de pollo
1 cebolla grande, picada
4 huevos cocidos, cortados en rebanadas
   aceite

INSTRUCCIONES:

Caliente el aceite en un sartén grande. Añada los higaditos. Cocínelos por 3 minutos y voltéelos. Agregue la cebolla y siga cociendo por uno minuto más. Asegúrese que los higaditos estén ya cocidos. Voltéelos de tal modo que las cebollas queden abajo y cocínelos hasta que las cebollas estén translúcidas. Con una cuchara con ranuras saque los hígados y las cebollas sin el aceite, y páselos a un procesador de alimentos, agregue los huevos cocidos y procéselo todo hasta que se forme una pasta untable. Puede sazonarlo con moderación con polvo de ajo. Sirva con pan, matza o galletas saladas.

La Jalájalá de la Tía Sara (pan de sábado)

INGREDIENTES:

1 barra de levadura fresca

¼ taza de agua tibia

5 tazas de harina

1 cucharadita de sal

1 cucharada de azúcar

1 cucharada de aceite vegetal

1 huevo batido

agua tibia

GLASEADO:

1 yema de huevo diluida con una cucharadita de agua
semillas de amapola o de ajonjolí (opcional)

INSTRUCCIONES:

Ablande la levadura en 1/4 taza de agua tibia. Cierna todos los ingredientes secos. Agregue aceite. Agregue la levadura ablandada junto con el huevo batido. Mezcle bien, agregando únicamente el agua suficiente para poder amasar suavemente. Amase bien. Póngalo en un plato hondo y cúbralo con una toalla de cocina. Déjelo reposar hasta que haga «burbujas.» Amáselo de nuevo. Cúbralo; deje que se esponje hasta el doble. Divida la masa en tres partes iguales. Haga tres tiras y forme una trenza. Póngalo en un molde de hornear y deje que se esponje lo doble. Antes de hornear, unte la yema de huevo con una brocha. Espolvoree las semillas de amapola o de ajonjolí si lo desea. Hornee a 350°F (180°C) aproximadamente una hora hasta que adquiera un color café bronceado.

- *Ojo: Esta receta es de* Love and Knishes, *un recetario judío escrito por un familiar del autor: Sara Kasdan. Ver Bibliografía.*

Manualidades para Shabat

Cubiertas para la cabeza

Niños:

Una kipá es una cobertura circular para las cabezas de los niños. Se necesita una pinza para el cabello para sostenerse bien sobre la cabeza. Si hay kipas sencillas disponibles para comprar y decorar, ¡maravilloso! Si no, puede coser una. Después, puede decorarla con marcadores, pintura para tela, o adornos cosidos o planchados.

Corte cuatro pedazos en la forma mostrada al derecho. Usando una concesión de ¼ de una pulgada, cosa dos pedazos a lo largo de los bordes para hacer doble capas. Repita con los otros dos pedazos. *Entonces* cosa ambos pedazos dobles a lo largo de los bordes. Termine el ruedo, encerando en cinta de costura y cosiendo.

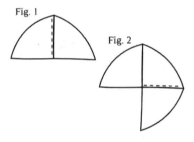

Fig. 1

Fig. 2

Niñas:

Una cobertura fácil de hacer por cortar un rectángulo grande de encaje, 32 a 36 pulgadas de ancho o lo más ancho que permita el orillo, por

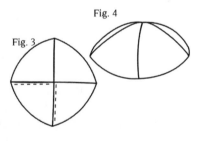

Fig. 3

Fig. 4

15 pulgadas de largo. Esto no deja mucho para que las niñas decoren. Sin embargo, se puede cortar una tela liviana como la muselina y se pueden terminar los bordes como en la cobertura para los niños. Se pueden delinear diseños (como los de la página siguiente) sobre la cobertura. Los temas pueden incluir palomas, Shabat Shalom, estrellas judías, etc.

Cubiertas para la Jalá

Corte rectángulos de tela de color claro o blanco. La muselina es buena, o cobijas blancas. El tamaño de la cubierta depende del tamaño de la tela disponible. Dimensiones pueden variar de un mínimo de 14 por 17 pulgadas hasta 18 por 20 pulgadas. Termine los bordes de la tela. Enrollando y cosiendo los bordes es el terminado más durable. Haga copias ampliadas de los cuatro diseños en las páginas que siguen.

Déle una hoja de diseño a cada niño. Asegúrela con cinta adhesiva a la mesa y centre la tela sobre ella, también asegurando la tela a la mesa con cinta adhesiva. Se debe delinear el diseño sobre la tela usando crayolas. Los niños deben colorear el diseño entero. Entonces un adulto quitará la cera de las crayolas con una plancha y una toalla de papel gruesa. El adulto colocará la toalla de papel sobre el diseño coloreado y lo planchará hasta que la cera sea absorta en la toalla de papel. Asegúrese no usar una temperatura muy alta.

Patrón de Cubierta para Jalá #1

Ortografía de jalá en inglés.

Patrón de Cubierta para Jalá #2

Estas letras hebreas significan *jalá*.

Patrón de Cubierta para Jalá #3

Estas palabras hebreas dicen *Shabat Shalom*.

Patrón de Cubierta para Jalá #4

Shabat Shalom significa "Tenga un buen Sábado."

Candeleros

MATERIALES:

2 pedazos de madera, 6 pulgadas de largo

aros de madera (lo suficiente grande para que entren las velas)

pegamento para madera

brillantina

pintura

marcadores

pega

INSTRUCCIONES:

Pegue los aros de madera a las bases de madera y decore.

Copa Kidush

MATERIALES:

latas de jugo concentrado congelado

papel de colores

marcadores

papel de contacto transparente

figuras adhesivas –opcional

INSTRUCCIONES:

Corte rectángulos de papel de colores que puedan rodear la lata vacía. Decore. Adhiera el papel decorado en la lata y cubra con el papel de contacto.

Música para Shabat

Shabat Shalom

Lentamente   *Melodía Jasidica*

Traducción:
  Sábado pacifico o Sábado de paz

Canciones para Javdaláh:

He aquí Dios es mi Salvación (Isaías 12:2)

Por Stuart Dauermann
Utilizado con permiso
Integrated Copyright Group

Vivo

En dios—— es - tá mi sal — va – ción con – fia

ré y nun—ca te - me ré—— el Se —— ñor es mi fuer–za

y mi can–ción y tam-bién ha sido mi sal – va–ción el se – ñor es me fuer–za

y mi can–ción y tam-bién ha sido mi sal–va–ción lia lai lai lai lai lai lai lai lai

lài lai lai lai lai lai lai lai lai lai lai lai lai lai lai lai lai lai lai lai lai

Eliyaju Ja-navi

Liturgia *Canción tradicional*

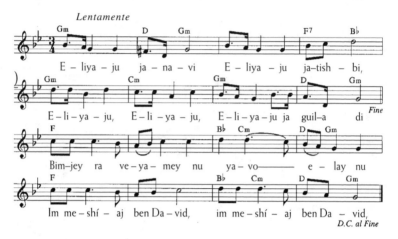

TRADUCCIÓN:

Que el profeta Elías venga pronto, en nuestro tiempo, con el Mesías, hijo de David.

2

Pesaj y Hag Ja-Mátza

La Pascua y la fiesta de los panes sin levadura

Antecedentes históricos

> «*La Pascua del Señor comienza el día catorce del mes primero, a la hora del crepúsculo. El día quince del mismo mes comienza la fiesta de los Panes sin levadura en honor al Señor. Durante siete días comerán pan sin levadura. El primer día celebrarán una fiesta solemne en su honor; ese día no harán ningún trabajo. Durante siete días presentarán al Señor ofrendas por fuego, y el séptimo día celebrarán una fiesta solemne en su honor; ese día no harán ningún trabajo.*» (Levítico 23:5-8).

El día de fiesta *Pesaj* (Pascua) anuncia la llegada de la primavera en el calendario judío. Su importancia, en cuanto al plan bíblico, es evidente por la época del año en la que se celebra. Si estudiamos los principales días de fiesta en las Escrituras, podemos observar un

27

paralelo impresionante. Las fiestas importantes están agrupadas en dos diferentes temporadas del año. En la primavera, tenemos la Pascua y la Fiesta de los Panes sin Levadura, la de los Primeros Frutos y la de Pentecostés; todas éstas ocurren durante un período de cincuenta días entre marzo y junio. Luego viene un largo intermedio de verano, hasta que llegan los días de fiesta de Rosh Ha-Shaná, Yom Kipur y Sukot, que normalmente se celebran durante los meses de septiembre y octubre. En el transcurso de este libro vamos a poder ver cómo la cronología de estos días encaja perfectamente en el plan de salvación de Dios a través de su Mesías, Yeshúa de Nazaret.

El significado de la Pascua se encuentra en Levítico 23. La palabra hebrea «pesaj» significa «saltar, brincar o pasar por encima» de algo. Esto nos lleva a la referencia histórica de Israel al ser liberado de la esclavitud en Egipto, tal y como está escrito en el libro de Éxodo.

Debido al endurecimiento creciente del corazón del faraón, Dios tuvo que enviar diez plagas para persuadir al líder ciego a que dejara ir Israel. A pesar de lo devastadoras que fueron las primeras nueve plagas, no fue hasta la décima y última plaga que el faraón se sometió ante el Dios de Israel. En este juicio, Dios le dijo que enviaría el Ángel de la Muerte sobre la tierra de Egipto para tomar al varón primogénito de cada familia.

Cada juicio de Dios conlleva también una escapatoria. Por lo tanto, a cada familia que aplicara la sangre del cordero sacrificado a los dinteles de su puerta se le daría una promesa especial: «La sangre servirá para señalar las casas donde ustedes se encuentren, pues al verla pasaré de largo. Así, cuando hiera yo de muerte a los egipcios, no los tocará a ustedes ninguna plaga destructora» (Éxodo 12:13).

La Pascua nos muestra clara y dramáticamente el modelo típico de la redención. Es un día santo en que conmemoramos cómo Dios liberó a Israel de la esclavitud de Egipto. Sin embargo, Pesaj también contiene una imagen profética mucho más amplia del plan de Dios para la redención del mundo.

Celebración judía tradicional

Debido al gran significado histórico que tiene la Pascua para el pueblo judío, su celebración es tal vez la más elaborada. La Torá dice que el pueblo debe de sacar de su casa todos los productos que contengan levadura (Éxodo 12:15). Esto servía para recordarles que habían tenido que salir de Egipto tan de prisa que el pan que estaba en los hornos no tenía tiempo para subir. Cada primavera, en los hogares judíos, se lleva a cabo una furiosa y profunda limpieza para tirar cualquier producto con levadura, antes de que inicie la Pascua.

Después de limpiar la casa, se llevan a cabo los preparativos para la tradición central asociada con esta fiesta, la cena *séder* de la Pascua. Séder significa el «orden» del servicio. Esto se basa en las instrucciones dadas en Éxodo 12. Dios les dijo a los israelitas que la noche debería de conmemorarse comiendo tres cosas: el cordero, la *mátza* (pan sin levadura) y las hierbas amargas.

Posteriormente, los rabinos agregraron varios elementos más, incluyendo vegetales verdes, un huevo asado, *jaróset,* (una mezcla de manzana y nueces) y cuatro copas de vino. Todo esto se arregla en un plato ceremonial especial para el séder, y el vino se sirve en una copa decorada llamada kiddush, (una cáliz para el vino).

Más adelante en la historia los rabinos agregaron una quinta copa llamada la Copa de Elías. Esta copa en particular se llena con la esperanza de que el profeta Elías venga, beba de la copa y anuncie que ha llegado el Mesías (Malaquías 4:5). La Pascua, como la mayoría de los días de fiesta bíblicos, incluye alimentos especiales, llenos de significado. Todo esto nos recuerda que, desde una perspectiva judía, la teología no solo se enseña, sino que también se come. Esta es una razón más por la que yo creo que todos los pueblos—judíos y gentiles, adultos y niños—pueden aprender tantísimo al celebrar las fiestas.

Un elemento especialmente intrigante, incorporado por los rabinos, se llama el *mátza tash*. Consiste en un bolso de lino o un plato con tres secciones diferentes. Se coloca un pedazo de mátza en cada sección, de manera que todos quedan apartados individualmente, pero al mismo tiempo están unidos en un sólo recipiente. Los comentarios rabínicos no proporcionan el origen exacto de esta costumbre. Especulan que el mátza tash representa la unidad, tal vez la unidad del pueblo de Israel a través de nuestros patriarcas (Abraham, Isaac y Jacob) o tal vez la unidad de las familias de Israel (Aarón, los levitas, y la gente común).

Durante la primera parte del séder, se saca el mátza que está en la parte central y se troza a la mitad. Una mitad se pone de nuevo en la mátza tash. La otra se envuelve en una servilleta, la cual está escondida por el líder del séder en alguna parte de la sala. La parte del mátza que se esconde se le llama el *afikomen;* ésta es una palabra griega que significa «aquello que viene al último.» Los rabinos dicen que esto alude al hecho de que el afikomen es la última cosa que se come en el séder, el postre. Otros han sugerido que la traducción es «él que viene de nuevo.» Este otro sentido de la palabra tiene mucho significado para el creyente mesiánico, ya que refleja la resurrección y el regreso del Mesías.

Un orden estructurado de servicio se desarrolló en el *Jagadá,* un folleto que vuelve a contar la historia y el significado de la Pesaj. El séder de la Pascua es una cena ceremonial cuya dinámica se centra en la lectura de la Jagadáh. La mayoría de las comunidades judías fuera de Israel celebran el séder durante las primeras dos noches de Pesaj (los días 15 y 16 del mes hebreo de *Nisan*).

La fiesta de Pesaj dura ocho días y durante este tiempo no se deben de consumir alimentos con levadura. Las Escrituras indican que los siete días subsecuentes son una fiesta totalmente independiente llamada «Fiesta de los Panes sin Levadura» (Levítico 23:6). La tradición moderna ha combinado estas dos fiestas en un sólo festival de ocho días llamado Pesaj. A través del simbolismo de la celebración, se recuerda a las familias judías de la gran redención que obtuvieron en la primera Pascua.

Celebración en el Nuevo Testamento

La mayor parte de esta tradición ya estaba totalmente desarrollada mucho antes del primer siglo. Por lo tanto, no es sorprendente encontrar numerosas referencias a la Pascua en el Nuevo Pacto. Se menciona la Pascua en los Evangelios (ver Lucas 2:41 y Juan 5:1, 6:4) y también en el libro de los Hechos de los Apóstoles (ver Hechos 12:3-4). Más que las demás, la historia más famosa de la Pascua en la Biblia es la de la última Pesaj celebrada por Yeshúa y sus discípulos judíos en el aposento alto (Mateo 26 y Lucas 22). En estos pasajes podemos observar las tradiciones del primer siglo, y al mismo tiempo aprender algunas lecciones espirituales enseñadas por el Mesías.

Entre los elementos tradicionales que se mencionan son el cordero (Lucas 22:8), las hierbas amargas (Mateo 26:23), el lavado de pies y manos (Juan 13:1-15), las cuatro copas de vino (Mateo 26 y Lucas 22), y la mátza (Mateo 26:26). El cordero nos recuerda de la manera de la redención, la sangre del sacrificio. En este caso, el Mesías se convirtió en nuestra Pesaj (Juan 1:29). Las hierbas amargas hablan de la terrible esclavitud a mano del opresor. No es de sorprenderse que Judas, aquél que iba a tener un final amargo, hubiera sido el que vino a mojar su mátza en el plato de las hierbas amargas. El lavado de pies y manos tipifica la necesidad de limpiarse antes de acercarse a un Dios santo.

Cada una de las cuatro copas de vino nos enseña una importante lección. Según los rabinos de antaño, estas cuatro copas se basan en las cuatro promesas dadas a los hijos de Israel en Éxodo 6:6-7:

> «Así que ve y diles a los israelitas: "Yo soy el Señor, y voy a quitarles de encima la opresión de los egipcios. Voy a librarlos de su esclavitud; voy a liberarlos con gran despliegue de poder y con grandes actos de justicia. Haré de ustedes mi pueblo; y yo seré su Dios.»

La Copa de la Santificación aparece al inicio del séder. Y

cuán apropiado es el santificar, o apartar, este servicio como algo especial para el Señor. La segunda copa se conoce como la Copa de Alabanza (a veces conocida como la Copa de las Plagas) porque debemos de alabar al Santo que ha hecho cosas tan grandes. La tercera copa, la Copa de la Redención, fue designada por el Mesías Yeshúa como un recordatorio especial a través de todas las generaciones. Fue una vez para los judíos la copa conmemorativa de la redención física de Egipto. Para los judíos que creen en Yeshúa, esta copa simboliza también la redención espiritual encontrada en el sacrificio del Mesías.

Ha habido mucho debate en cuanto a la frecuencia con la que se debe de celebrar la «Santa Cena.» La frase clave para entender la respuesta se encuentra en 1 Corintios 11:26: «Porque cada vez que comen este pan y beben de esta copa, proclaman la muerte del Señor hasta que él venga.»

Algunas iglesias han interpretado que es tan a menudo como se beba la copa ceremonial. Podría ser cada domingo, una vez al mes o cualquier otra fecha designada para la celebración. Mi punto de vista personal es que la interpretación más natural, dado el contexto, es que se tome la copa cada Pascua. Se debe poner el énfasis, de acuerdo con este punto de vista, en las frases «este pan» y «esta copa» , refiriéndose al pan sin levadura y a la tercera copa de la Pascua.

Nuestra congregación mesiánica celebra la Santa Cena cada año en nuestro séder de Pascua. La Copa de la Redención puede celebrarse más a menudo, pero no hay un momento más apropiado para celebrar el mensaje de la redención que en la misma fiesta de la redención.

La cuarta copa es la Copa de la Aceptación o la Alabanza, y constituye un cierre muy adecuado para el servicio del séder. Después de las copas de la Santificación, la Alabanza o las Plagas y la Redención, esta copa revela la maravillosa y simbólica verdad de Dios aceptando a su pueblo. Es alrededor de esta copa que se cantan algunos de los salmos Hallel.

El cumplimiento profético

Después de explorar los antecedentes de la Pesaj, el cumplimiento profético de esta fiesta es claro. Se puede resumir en una sóla palabra, «la redención». El rabíno Saúlo de Tarso (el apóstol Pablo) se refiere a este tema de manera hermosa y sucinta en su epístola a los creyentes de Corinto. Les dice que deben de tratar con los problemas morales que surjan dentro de sus miembros. Para explicarse, Pablo recurre a la bien entendida analogía de la Pesaj:

> «Hacen mal en jactarse. ¿No se dan cuenta de que un poco de jametz hace fermentar toda la masa? Deshágase de la vieja jametz para que sean masa nueva, panes sin jametz, como lo son en realidad. Porque Meshíaj, nuestro Cordero pascual, ya ha sido sacrificado. Así que celebremos nuestra Pascua no con la vieja jametz, que es la malicia y la perversidad, sino con mátza sin jametz, que es la sinceridad y la verdad. (1 Corintios 5:6-8).

El sacrificio del cordero en la Pascua era la sombra predecesora de la redención más grande que se encuentra en el cordero nombrado por Dios mismo: el Mesías. ¡Qué gozo más especial es celebrar esta fiesta de redención (como lo exhortaba Pablo) para aquellos que han experimentado en verdad la redención en Yeshúa Ja-Mashíaj, el Salvador del mundo!

Una guía práctica para los creyentes en el Mesías

Muchas de las costumbres descritas hasta ahora abundan en significado cuando se practican por los seguidores de Yeshúa. Aquellos que desean entrar en la celebración completa de este día de fiesta empiezan un día antes del séder, sacando toda la levadura de la casa. Los pisos se barren, se trapean y se pasa la aspiradora por ellos. Se saca todo producto con levadura de las alacenas. Platos, ollas y utensilios se lavan a fondo para quitar cualquier posible traza de levadura. El espíritu de la ley es el de quitar toda levadura de nuestras casas (Éxodo 12:19-

20). Esto simboliza también la limpieza espiritual de nuestros corazones (1 Corintios 5:6-8).

Mi sugerencia, en esa espíritu de libertad, es adaptar la preparación al nivel que sea cómodo para cada quien. Para algunos, tal vez se trate de realizar toda la limpieza tal y como lo describí anteriormente. Para otros, puede ser una limpieza ligera, que sea sobre todo una acción mayormente simbólica de la verdad espiritual que representa la Pascua. Cada uno debe estar firme en sus propias opiniones (Romanos 14).

Después de la limpieza general que se lleva a cabo durante las primeras semanas del mes de Nisan, la atención cambia de enfoque al acercarse el día de la Pesaj. Después de la puesta de sol el día 14 de Nisan, se lleva a cabo en el hogar una ceremonia especial llamada *bedikat jámetz* (la búsqueda de la levadura). Durante esta ceremonia, se buscan los últimos rastros de levadura y se sacan de la casa.

Los detalles de este proceso son muy interesantes. Ya con la casa previamente limpiada, el líder del hogar debe de esconder a propósito algo de levadura (trozos de galleta o de pan) en distintos lugares de la casa. Luego el líder toma una pluma de ave, una cuchara de palo y una vela encendida e inicia la búsqueda de lo último de la levadura junto con toda la familia. Esta es una oportunidad excelente para hacer participar a los niños, ya que se asemeja a un juego de escondidas.

Sin embargo, aparte del juego, las lecciones espirituales son asombrosas. El lugar donde habitamos (y nuestros corazones) tienen que ser limpiados de toda levadura (pecado). El método en sí mismo es informativo. La luz de la vela (la Palabra de Dios) ilumina nuestro pecado (Salmo 119:11). La levadura se levanta con la cuchara de palo (como la cruz de madera del Mesías). A la mañana siguiente, estos últimos trozos de levadura se queman fuera de la casa (en una lata o bolsa), simbolizando un total y final destrucción. Esto simboliza al Mesías destruyendo el pecado «afuera del campamento», y haciendo disponible la libertad del poder del pecado todo aquel que crea.

Estas costumbres pueden parecer extrañas para el que no las ha experimentado, pero la profunda verdad espiritual se torna evidente para los creyentes en Yeshúa que puedan verla con discernimiento. Inclusive algo tan fuera de lo común como el bedikat jámetz se convierte en una ceremonia llena de significado para aquellos cuyos corazones han sido limpiados por el Mesías.

En el 14 de Nisan, ya que se aproxima el primer día de Pascua, se deben de hacer los preparativos finales para el séder. Para ahora, ya se deben de haber terminado de hacer las compras de productos kosher para la Pascua (como mátza, vino o jugo de uva y cualquier otro producto sustituto para la comida sin levadura).

También son necesarios los platos tradicionales para el séder y otros objetos ceremoniales. El *zeroaj,* por ejemplo, es un hueso de pierna de cordero, representando el sacrificio del cordero. Si no se cuenta con un hueso de pierna de cordero, se puede sustituir con uno de pavo o de pollo que ha sido asado al fuego.

La *baytzaj* es un huevo cocido y asado que representa los holocaustos ofrecidos en el período del Templo. El *maror* (hierbas amargas), para lo que normalmente se usa rábano picante, nos recuerda de la amargura de la esclavitud del pecado. El *jaróset* (la mezcla dulce de manzana y nueces) es un recordatorio maravilloso de la dulzura de nuestra redención. El *karpas* (perejil) es un vegetal verde que nos habla de la vida. Todos estos elementos del plato del séder pueden ser comprados o preparados siguiendo las recetas que vienen más adelante en este mismo capítulo.

Al preparar la mesa del séder, también se necesita una copa (cáliz) kidush para cada persona, más la copa de Elías con sus propios cubiertos. Otros elementos escenciales son el mátzah tash y una palangana ceremonial para lavarse.

Cada participante en el séder necesitará un ejemplar de la jagadáh para leer. Si el líder se siente lo suficientemente familiarizado con ella, puede usar una jagadáh tradicional, que se puede adquirir en cualquier librería judía. Muchos creyentes prefieren usar una jagadáh judía/mesiánica. Ésta contiene la mayoría de las lecturas tradicionales, pero además viene acompañada de relevantes pasajes del Nuevo Pacto y otras explicaciones pertinentes.

Un recurso que yo les recomiendo a los creyentes mesiánicos es la *Jagadáh Mesiánica de la Pascua* publicada por Lederer Messianic Ministries. Es una jagadáh de muy alta calidad. Lederer también tiene una guía muy útil para la preparación de la cena del séder.

La Pesaj empieza oficialmente al ponerse el sol el 15 de Nisan. Ya que la mayoría de las comunidades judías fuera de Israel celebran las primeras dos noches de la Pascua con un séder tradicional, muchos creyentes mesiánicos tienen diferentes tipos de séderes para cada noche.

En nuestra congregación la costumbre es de tener un gran séder comunitario en la primera noche de Pesaj para nuestros miembros, y también para llegar a aquellos que necesiten escuchar el mensaje de la redención. En la segunda noche, normalmente se hace un séder más pequeño, en casa con familiares y con amigos cercanos. Cualquiera que sean las opciones a su disposición, ¡Le exhorto a que haga los planes necesarios para celebrar esta fiesta maravillosa!

El séder es el punto central de la celebración de la Pascua, sin embargo se trata de una celebración que abarca ocho días. La Torá dice que durante este período tenemos que sacar la levadura de nuestras casas y comer mátza. Para algunos, este último puede ser algo muy inconveniente. ¿Cómo? ¿Ocho días sin pan? Sin embargo, al apreciar su valor espiritual, hasta comer mátza por toda una semana puede convertirse en una experiencia inspiradora.

Recuerde el simbolismo. No se trata tan sólo de una limpieza profunda de primavera; se trata de recordarnos de nuestra necesidad de la limpieza espiritual y el arrepentimiento. Por lo tanto, cada vez que comemos un sandwich de mátza durante la Pesaj, tenemos presente el significado de esta fiesta. Cada vez que se nos antoja una galleta con levadura, tenemos presente esta gran verdad espiritual.

Mi oración es que la Pesaj se convierta en una fuente de gozosa celebración en que los creyentes experimenten al Mesías nuestra Pascua de manera íntima y práctica. Que celebremos la fiesta. (1 Corintios 5:8).

Recetas para la Pascua

Como usted puede imaginar, después de aproximadamente 3.500 años de celebraciones de Pascua, la comunidad judía ha desarrollado una gran creatividad en la manera de celebrar la fiesta. Hemos encontrado mil y una formas de usar mátza en nuestras comidas normales. Usted puede encontrar recetas para el séder de la Pascua en la guía publicada por Lederer Messianic Ministries. A continuación le presento algunas de nuestras recetas favoritas, para que la conmemoración de la Pesaj esté llena de sabor.

Para el desayuno, se pueden preparar panqueques de mátza usando 1 taza de harina de mátza, 1 taza de leche y 3 huevos para formar la mezcla. Nótese que estos panqueques (como toda otra cosa en Pesaj), quedan mucho más pesados que los panqueques normales.

El *Mátza Brie*, el equivalente de Pascua de la torrija, se prepara ablandando mátzas en agua, luego exprimiéndolas para quitarles todo el líquido y después haciendo una mezcla de las mátzas rotas y ablandadas con huevo y un poco de leche. La mezcla se fríe hasta que esté completamente cocida. Se pueden servir con azúcar, mermelada o jarabe. Algunas personas se las comen con sal y pimienta.

En la familia Kasdan tenemos una tradición que le llamamos «*Huevo McMátza*» ...un poco crujiente, pero muy sabroso.

Para el almuerzo, se puede comer a la carta. Rebanadas de huevo cocido, ensaladas, atún, rebanadas de queso y fruta fresca son combinaciones que pueden llenar satisfactoriamente el menú para los días de la Pascua. Inclusive se pueden preparar sandwiches de mátza, si se usa el relleno apropiado. Piénselo así: al final de esta semana, ¡usted tendrá una nueva apreciación de la hamburgesa común de los restaurantes de comida rápida!

Para la cena, mis sugerencias incluyen platos de pollo y pescado. Una variación interesante es usar mátza en lugar de pasta al preparar la lasagna. Esto se puede hacer por remojar la mátza en agua y luego exprimir el líquido con cuidado. De manera similar, se puede usar mátza en lugar de pan rallado para rollo de carne picada.

Tal vez lo más difícil del «ayuno» de la Pascua sea superar la tentación de los postres, bocadillos y antojitos. ¡No se preocupe! Después de 3.500 años de la mátza, el pueblo judío ha desarrollado soluciones al problema. Usted encontrará más adelante varias recetas para los postres.

Sobre todo, recuerde el significado de la Pascua que está detrás de los pormenores de la comida. . Es el momento de quitar la levadura y de restaurar un caminar puro con el Mesías (1 Corintios 5:6-7). ¡Que al escuchar el crujir de la mátza tras de cada mordida, recordemos la belleza espiritual de la fiesta que estamos celebrando!

PASTEL DE MANZANA

INGREDIENTES:

- 3 huevos
- ¾ taza de azúcar
- ⅓ taza de aceite
- ¾ taza de harina de mátza
- 5 manzanas peladas y cortadas en rebanadas muy delgaditas
- ⅓ taza de nueces picadas
- ½ taza de azúcar
- 2 cucharaditas de canela

INSTRUCCIONES:

Bata los huevos con el azúcar y el aceite hasta hacer una mezcla ligera. Añada la harina de mátza y mézclelo muy bien. Ponga la mitad de la mezcla en un molde cuadrado de 8 o 9 pulgadas (20 x 5 cms) previamente engrasado. Ponga la mitad de las manzanas sobre la mezcla. Ponga lo que sobra de la mezcla sobre las manzanas y cúbrala con el restante de las manzanas. Combine las nueces, el azúcar y la canela y espolvoréela sobre las manzanas. Se puede doblar la receta y hornearla en un molde refractario de 9 x 13 pulgadas (34 x 22 x 4.5 cms) a una temperatura de 350°F (180°C) por 1 hora y media.

Morenitas (Brownies)

Ingredientes:

> 5 huevos
>
> 1 taza de margarina derretida
>
> 3 tazas de azúcar
>
> 1 cucharada de vainilla
>
> 8 onzas de chocolate para hornear ya derretido
>
> 1 ½ tazas de harina de mátza
>
> 2 tazas de nueces picadas

Instrucciones:

Con una batidora eléctrica, bata los huevos, la margarina, el azúcar y la vainilla por diez minutos a velocidad media. Agregue el chocolate derretido. Agregue la harina de mátza, batiéndola mínimamente. Hornéelo en un molde refractario engrasado de 9 x 13 pulgadas (34 x 22x 4.5 cms.) a una temperatura de 375°F (190° C) por 35—40 minutos.

Kugel de Manzana

Ingredientes:

> 4 galletas enteras de mátza
>
> 4 huevos batidos
>
> ½ cucharadita de sal
>
> ¾ taza de azúcar

⅜ taza (3 onzas o 6 cucharadas) de margarina derretida

1½ cucharadita de canela

¾ taza de nueces picadas (opcional)

3 manzanas grandes peladas y partidas

¾ taza de pasas, de preferencia las claras

INSTRUCCIONES:

Quiebre las galletas de mátza en pedazos y remójeselas en agua hasta que queden suavecitas. Con mucho cuidado, exprima el agua con las manos. Bata los huevos con la sal, el azúcar, la margarina y la canela. Mezcle la mátza, las manzanas, las nueces y las pasas. Hornéelo en un molde refractario engrasado de 9 x 13 pulgadas (34 x 22 x 4.5 cms) a una temperatura de 350°F (180°C) por 45 minutos.

BARRITAS DE CHOCOLATE

INGREDIENTES:

⅔ taza de margarina derretida

2 tazas de azúcar morena

3 huevos

1 cucharadita de vainilla

2 tazas de harina de mátza

½ cucharadita de sal

½ taza de nueces picadas

¾ taza de pedacitos de chocolate (*chocolate chips*)

INSTRUCCIONES:

Mezcle la mantequilla, el azúcar con los huevos, la vainilla, la harina de mátza y el sal. Agregue las nueces y los pedacitos de chocolate. Presiónelo en un molde refractario de 9 x 13 pulgadas (34 x 22 x 4.5 cms) previamente engrasado. Hornéelo a 350°F (180°C) por 25 minutos.

Manualidades para la Pascua

Mátza Tash

MATERIALES:

Cuatro cuadros de tela o de fieltro (mínimo de 9 pulgadas)

máquina de costura

pegamento para manualidades o pistola de pegamento caliente

plumones de decoración

lentejuelas

borla o franja

INSTRUCCIONES:

Coloque los cuatro pedazos de tela uno sobre el otro y pegue o cosa tres de los bordes dejando un lado abierto para meter las matzas. Decore con diseños pegados o pintados o coloreados. Se puede añadir una franja en los bordes.

Plato para el séder

MATERIALES:

platos grandes de papel fuerte

recortes circulares de elementos del sèder

plumones

pegamento

papel de contacto transparente o papeles para bizcochos (opcional)

un huevo cocido

un hueso de cordero

el perejil

charoset

la hierba amarga

INSTRUCCIONES:

Coloree y corte los elementos. Pegue los diseños sobre el plato y cubra con el papel de contacto para que sea un plato utilizable. Si el plato es solo para decoracion, coloque los diseños adentro de los papeles de bizcocho. Pegue sobre el plato.

Música para la Pascua

Dayenu

Ritmicamente   *Canción tradicional de hagadá*

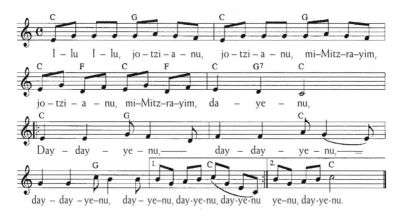

2. Ilu Ilu maln Ianu el ja Torah, dayenu!
3. Ilu Ilu maln Ianu el Yeshua, dayenu!

TRADUCCIÓN:

    Si sólo nos hubiera sacado de Egipto, ¡hubiera sido
    suficiente!

    Si sólo nos hubiera dado la Torá, ¡hubiera sido suficiente!

    Si sólo nos hubiera dado a Yeshúa, ¡hubiera sido
    suficiente!*

*Tercera estrofa adaptada por judíos mesiánicos

Eliyaju JaNavi

Liturgia

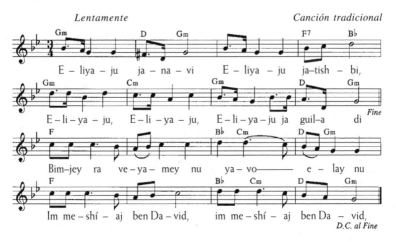

Lentamente   Canción tradicional

E – liya – ju   ja – na – vi   E – liya – ju   ja–tish – bi,
E – li – ya – ju,   E – li – ya – ju,   E – li – ya – ju ja   guil–a   di *Fine*
Bim–jey   ra   ve – ya – mey   nu   ya – vo———   e – lay   nu
Im me – shí – aj   ben Da – vid,   im me – shí – aj   ben Da – vid,

D.C. al Fine

TRADUCCIÓN:

Que el profeta Elías venga pronto, en nuestro tiempo, con el Mesías, hijo de David.

3

Sefirat Ja-Omer

Fiesta de las Primicias

Antecedentes históricos

*"El SEÑOR le ordenó a Moisés que les dijera a los israelitas:
«Cuando ustedes hayan entrado en la tierra que les voy a dar,
y sieguen la mies, deberán llevar al sacerdote una gavilla de
las primeras espigas que cosechen. El sacerdote mecerá la
gavilla ante el SEÑOR para que les sea aceptada. La mecerá a la
mañana siguiente del sábado. Ese mismo día sacrificarán
ustedes un cordero de un año, sin defecto, como holocausto
al SEÑOR. También presentarán cuatro kilos de harina fina
mezclada con aceite, como ofrenda de cereal, ofrenda por
fuego, de aroma grato al SEÑOR, y un litro de vino como
ofrenda de libación. No comerán pan, ni grano tostado o
nuevo, hasta el día en que traigan esta ofrenda a su Dios. Éste
será un estatuto perpetuo para todos tus descendientes,
dondequiera que habiten. (Levítico 23:9-14).*

La serie de fiestas de primavera continúa con la llegada de *Sefirat Ja-Omer*, la Fiesta de las Primicias, que también se le llama Yom Ja-Bikurim. Ya que viene justo después de la fiesta principal, la de Pascua, a menudo la Fiesta de las Primicias pasa desapercibida. Sin embargo, como veremos más adelante, la celebración de este día de fiesta debería ser de promordial importancia entre las demás fiestas, tanto para los judíos mesiánicos como para los gentiles.

El significado de esta fiesta se entiende por su nombre. Sefirat Ja-Omer literalmente significa «El Conteo de la Gavilla.» Nos habla de la cosecha más temprana que tiene lugar en Israel, la cosecha de la cebada. Al igual que Sukot, que se celebra en el otoño, esta fiesta enfatiza la cultura agraria del antiguo Medio Oriente.

En términos prácticos, Sefirat Ja-Omer era la primera cosecha de la primavera, y así fue el momento perfecto para llevar una ofrenda de grano al Señor. Como dice en el libro de Levítico, las primicias de la cosecha de cebada tenían que llevarse como ofrenda al sacerdote en el Tabernáculo o el Templo. La lección que tenemos que aprender es clara: Si Dios ha sido fiel para bendecirnos con esta cosecha temprana, de seguro también nos proporcionará la cosecha tardía del verano.

La celebración de este día ha variado mucho a través de la historia del pueblo judío. En los tiempos antiguos, en los días del templo, consistía en una ceremonia bastante elaborada donde se presentaba la ofrenda a Dios como un diezmo de acción de gracias. El Talmud dice que un sacerdote tenía que ir a recibir a un grupo de peregrinos judíos en las afueras de la ciudad y, desde ahí, guiarlos hasta el monte del Templo. El sacerdote entonces dirigía un servicio de alabanza con música, alabanza salmos y danza mientras los peregrinos llevaban sus primicias hasta el Templo.

Mientras el grupo de adoradores iban acercándose al Templo, el sacerdote tomaba las gavillas, levantaba algunas en el aire y las mecía por todos lados. Mediante esta acción, toda la multitud reconocía la provisión de Dios y su soberanía sobre toda la tierra (ver Edersheim, *El Templo*, p. 256 y las páginas que le siguen).

Mientras las costumbres del festival antiguo son bastante claras, surgió controversia en cuanto a la fecha en que se debe iniciar. La cuestión giró alrededor de la manera de entender el punto de partida de la fiesta según la frase «a la mañana siguiente del sábado» (Levítico 23:11). ¿A qué shabat se refiere este versículo?

Las dos escuelas principales de la tradición judía en el primer siglo tenían una opinión dividida al respecto. Los saduceos (la secta aristocrática asociada con el servicio del Templo) creían que se refería al shabat del séptimo día. Por lo tanto, la ofrenda mecida debería ser levantada el día siguiente, el primer día de la semana.

Los fariseos (principalmente los rabinos de las sinagogas de la gente común) lo veían de otra forma. Ellos explicaban que dado el contexto del pasaje, el shabat del que se habla es la Pesaj. Por consiguiente, el día después del shabat de Pascua siempre caería en el 16 de Nisan, sin tomar en cuenta qué día de la semana pudiera ser. Esta controversia continuaba en debate, siguiendo cada grupo sus propias convicciones acerca del comienzo de Sefirat Ja-Omer.

No sólo había desacuerdos entre los saduceos y sus rivales los fariseos, sino que también había perspectivas diversas dentro de los grupos fariséicos. Los fariseos judáicos no estaban de acuerdo con los fariseos de Galilea (ver Hoehner, página 87). La desición final llegó de manera inesperada cuando el Templo fue destruido en el año 70 d.C. Cuando los saduceos quedaron repentinamente desempleados, el servicio de la sinagoga se convirtió en el punto focal de la comunidad judía. Los fariseos predominaban y su interpretación llegó a ser aceptada como la autoridad final, inclusive hasta hoy en día.

Celebración tradicional judía

La manera de guardar el Sefirat Ja-Omer en las sinagogas modernas es bastante sencilla. Aunque en los días del Templo se hicieran ofrendas, procesiones y servicios de alabanza, la celebración contemporánea consiste principalmente en oraciones y bendiciones sacadas del libro judío de oraciones. Éstas le ayudan a la gente refleccionar sobre el significado simbólico de la festividad, contando los días desde la cosecha de cebada hasta la del trigo en Shavuot, Pentecostés, que es la fiesta que le sigue. Muchos judíos comienzan a contar el omer en la segunda noche de Pascua, en su segundo Séder, con la lectura de la bendición tradicional:

Baruj ata Adonai Elojenu melekj ja-olam, asher kidshanu bemitzvojtav vetzi-vanu al Sefirat Ja-Omer.

Bendito eres Tú, oh Señor nuestro Dios, Rey del universo, que nos has santificado con Tus mandamientos y nos has ordenado en lo que se refiere al conteo de la gavilla.

Se lee esta bendición cada noche por los siguientes cuarenta y nueve días con un ajuste que se hace de acuerdo con el número de días que se han contado. Por ejemplo:

Ja-yom, yom ejad le-omer. Hoy es el primer día de la gavilla.

El siguiente sería el segundo día, luego el tercero, y así consecutivamente hasta llegar al día cuarenta y nueve. El día cincuenta marca el próximo día de fiesta principal en el calendario bíblico: Shavuot (Pentecostés). En escencia, pues, Sefirat Ja-Omer no es una cuenta regresiva, sino una cuenta progresiva, esperando la próxima gran obra que Dios realice en Shavuot. Las bendiciones y el conteo del omer se pueden encontrar en la mayoría de los libros de oración judíos. Hasta algunas personas usan un calendario especial que les ayuda a mantener la cuenta correcta de cada día.

Otro aspecto de la celebración moderna de esta fiesta es que el período de cuarenta y nueve días del Sefirat se ha llegado a conocerse como una temporada de semi-luto. Esto se debe a que un gran número de tragedias han sucedido durante esta temporada del año. La más notable de todas es una plaga que hirió a los discípulos del Rabí Akiva en la segunda rebelión contra los romanos en el año 135 d.C. Una excepción a esta temporada de semi-luto es el día treinta y tres del omer, que en hebreo se llama «Lag Be-Omer» (las letras hebreas en la palabra «lag»,—«lamed» más «gimel»—representan el número treinta y tres). La tradición rabínica dice que en el día treinta y tres los ejércitos de Akiva dejaron de padecer de la plaga por un día, así que se le considera momento de regocijarse. Los judíos ortodoxos no se afeitan, ni se cortan el cabello, ni celebran bodas durante este período de semi-luto. En el día Lag Be-Omer puede haber gozo. Es la costumbre darle al muchacho ortodoxo su primer corte de pelo en este día. El Sefirat Ja-Omer es un período de tiempo poco común en que se llevan a cabo costumbres intrigantes.

Celebración en el Nuevo Testamento

Ya que Sefirat Ja-Omer queda un poco eclipsado por lo imponente de la Pascua, es natural preguntarse si esta fiesta tiene significado en el Nuevo Testamento. Efectivamente se menciona esta festividad varias veces en el Nuevo Testamento, y es mi convicción personal que debería de ser una de las fiestas más importantes para los creyentes en Yeshúa. Una lectura cuidadosa de 1 Corintios 15 nos muestra la conexión vital entre Sefirat Ja-Omer y el ministerio del Mesías. Al enseñarles a los creyentes la doctrina de la resurrección, el Rabino Saúlo de Tarso hace una conexión asombrosa con este día de fiesta:.

«*Lo cierto es que Mashíaj ha sido levantado de entre los muertos, como primicias de los que murieron. De hecho, ya que la muerte vino por medio de un hombre, también por medio de un hombre viene la resurrección de los muertos. Pues así como en Adán todos mueren, también en Mashíaj todos volverán a vivir, pero cada uno en su debido orden: Mashíaj, las primicias; después cuando él venga, los que le pertenecen.*» (1 Corintios 15:20-23).

Aunque muchos leen este pasaje como un comentario sobre el orden de la resurrección, Pablo en verdad está haciendo una referencia técnica a la festividad de Sefirat Ja-Omer. No es tan sólo que Yeshúa haya sido el primero de levantarse corpóreamente de entre los muertos, sino que al hacerlo, él está cumpliendo directamente con la Fiesta de Las Primicias. Este hecho tiene toda la razón si reflexionamos en los detalles del día.

El cumplimiento profético

La manera tradicional de guardar esta fiesta nos señala la resurrección del Mesías. Es un festival de la cosecha en que las gavillas de cebada se mecen delante del Señor. Reflexionemos bien en este detalle— ¡el grano que había salido de la tierra ha sido ahora levantado en alto para que todos lo vean! Yeshúa mismo aludaba a su resurrección en términos similares cuando dijo:

> *«Ha llegado la hora de que el Hijo del hombre sea glorificado –les contestó Yeshúa—. Ciertamente les aseguro que si el grano de trigo no cae en tierra y muere, se queda solo. Pero si muere, produce mucho fruto...Pero yo, cuando sea levantado de la tierra, atraeré a todos a mí mismo.»* (Juan 12:23-24, 32).

Por casualidad, esta parábola fue dada a los discípulos judíos cuando habían llegado a celebrar la Pascua, justo antes de Sefirat Ja-Omer (Juan 12:1, 20). El simbolismo de la resurreción del Mesías de entre los muertos queda perfectamente establecido en la ofrenda mecida de los primeros frutos.

La conexión no termina ahí. Además de la tipología no poco obvia a través de las costumbres de Sefirat Ja-Omer, el momento fijado para esta fiesta también verifica el cumplimiento de la profecía. Recordemos la controversia que surgió entre los primeros rabinos sobre la frase «después del sábado.» Los saduceos defendían la idea del sábado como séptimo día, mientras que los fariseos pensaban que Levítico 23:11 aludía al sábado de la Pascua. Puede que nos preguntemos cuál de los dos grupos tiene la razón y cómo se relaciona todo esto con la resurrección de Yeshúa. De manera extraña, la cual sólo Dios podría haber orquestado, ambos puntos de vista encajan perfectamente bien en la situación histórica de los evangelios.

El punto de vista tradicional más aceptado dice que Yeshúa celebró su último séder con sus discípulos durante la noche del 14 de Nisan, un jueves por la noche en ese año. Él fue arrestado esa noche y llevado frente a las autoridades romanas. Finalmente fue colocado en la cruz de ejecución a las 9.00 de la mañana el viernes y entregó su espíritu a las 3.00 de la tarde, justo antes del sábado semanal. Su cuerpo fue enterrado rápidamente por sus simpatizadores, y le dejaron en la tumba durante todo el día siguiente, hasta que, en la primera oportunidad, las mujeres vinieron a la tumba, sólo para encontrarla abierta.

Por lo tanto, de acuerdo con la manera judía de medir los días, Yeshúa estuvo en la tumba tres días: parte del viernes hasta la puesta del sol; desde la puesta del sol el viernes hasta la puesta del sol el sábado; y el día número tres, que comenzó con la puesta del sol el sábado. Y aunque la tumba vacía se descubrió al amanecer el domingo por la mañana, de acuerdo al cálculo judío, Yeshúa podría haber sido levantado de entre los muertos a cualquier hora después de la puesta del sol el sábado. Personalmente, yo me pregunto si Dios nuestro padre no hubiera tomado la primera oportunidad posible para levantar a su hijo después del atardecer el sábado, en vez de esperar hasta el domingo por la mañana.

Al seguir esta cronología, podemos ver la mano soberana de Dios con respecto al momento oportuno de Sefirat Ja-Omer. Era imperativo que el Mesías muriera exactamente en la Pascua para poder cumplir las profecías. De igual manera, el Mesías también tenía que levantarse de entre los muertos en el día de las Primicias.

A primera vista parece haber problema con las fechas, ya que había controversia entre los rabinos del primer siglo sobre fijar la fecha exacta de esta fiesta. Pero al mirarlo detenidamente, podemos ver cómo Yesúa de Nazaret cumplió ambas interpretaciones en el año particular de su muerte y resurrección.

Yeshúa fue resucitado el tercer día de la Pascua (el 16 de Nisan), cumpliendo así con la interpretación fariséica de la Torá. Y, asombrosamente, también cumplió al mismo tiempo con la interpretación saducea, ya que en el año particular de su muerte, Sefirat Ja-Omer hubiera empezado el domingo después de la Pascua. Por consiguiente, el año de la muerte y resurrección de Yeshúa fue uno de los pocos en que ambas teorías rabínicas podían tener razón al mismo tiempo. El plan soberano de Dios efectivamente debe de ser apreciado por todos. ¡Bendito sea Él, que nos ha revelado al Mesías Yesúa resucitado, el cumplimiento profético de Sefirat Ja-Omer!

Una guía práctica para los creyentes en el Mesías

Habiendo descubierto el tema de Sefirat Ja-Omer (la resurrección), los creyentes en el Mesías deberían de apreciar la importancia de esta festividad. De hecho, hay ironía en esto.

Los creyentes de la iglesia temprana, especialmente la iglesia romana del siglo cuatro, empezaron a perder el contacto con el entendimiento judío de la fe. Sin embargo, la iglesia quería mantener una celebración de la resurrección del Mesías.

Por lo tanto, el Concilio de Nicea (325 d.C.) estableció, entre otros edictos, que a los cristianos no se les permitieran conmemorar la Pascua de los judíos, sino que celebrarían la resurrección en un nuevo día festivo llamado la Pascua (o *Easter*, en inglés). Según esta iglesia, una iglesia «occidental», la Pascua se guardaría el domingo después del equinoxio de primavera. Por consiguiente, hoy en día muchos cristianos se han olvidado de la íntima conexión que existe entre la resurrección y los días de fiesta judíos.

Uno puede preguntarse si no hubiera sido más sencillo y más claro seguir celebrando las grandes obras de Dios en los tiempos establecidos por Él. No es de sorprenderse que históricamente la iglesia ha tenido tan poca conciencia de su propia herencia judía. En estos últimos días, es maravilloso ver numerosos creyentes, tanto judíos como gentiles, anhelando entender el contexto original de la fe. Sefirat Ja-Omer puede ser una hermosa celebración para señalar al salvador resucitado del mundo, ¡Yeshúa Ja-Mashíaj!

En términos prácticos, se puede celebrar una conmemoración mesiánica de la fiesta de las Primicias al mecer la gavilla después del atardecer. Hoy en día la tradición judía es bastante sencilla y consiste principalmente en contar los días y cantar las bendiciones apropiadas. Los creyentes mesiánicos no deberían tener ningún inconveniente en incorporarlas en su práctica al guardar la fiesta.

Barukj atah Adonai Elojenu melekj ja-olam, asher kidshanu be-mitzvotav, le-jayot or le-goyim
ve-natan-lanu Yeshúa meshikjeynu ja-or la-olam.

Bendito eres Tú, oh Señor nuestro Dios, Rey del universo,
que nos has santificado con tus mandamientos
y nos has mandado ser una luz para las naciones
y nos has dado a Yeshúa nuestro Mesías, la luz del mundo.

Barukj atah Adonai Elojenu melekj ja-olam, borey pe-ri ja-gafen.

Bendito eres Tú, oh Señor nuestro Dios, Rey del universo,
que crea el fruto de la vid.

Barukj atah Adonai Elojenu melekj ja-olam, ja motzi lekjem min ja-aretz.

Bendito eres Tú, oh Señor nuestro Dios, Rey del universo,
que sacas pan de la tierra.

Usted puede recitar las bendiciones sobre las gavillas de cebada o sobre una copa de granos, como quiera, levantándolas para ilustrar la verdad de esta fiesta. Un tiempo apropiado para pronunciar
estas bendiciones es justo antes de la cena festiva.

Es de esperar que usted viva cerca de una congregación
mesiánica y que pueda celebrar esta fiesta con un grupo grande
de creyentes. Aunque nuestra congregación no ha escogido
guardar el domingo de Pascua, encontramos el mismo mensaje
celebrado a través de la fiesta judía. Una vez que se entiende,
la tipología de las Primicias será apreciada por muchos que
verán cómo todo de la fiesta señala la resurrección.

Un servicio mesiánico de los Primicias puede incluir,
además de las bendiciones tradicionales sobre el omer, música
de adoración y un mensaje escriturario que se refiere a la centralidad de la resurrección para nuestra fe en Yeshúa. ¡Él está resucitado en verdad!

Manualidades para Sefirat Ja-Omer

Semillas vivas

MATERIALES:

Semillas para plantas (las de frijoles sirven muy bien)
Tierra para macetas
Vasos desechables de papel
Hojas con versículos de la Biblia (Juan 12:24)

INSTRUCCIONES:

Mezcle la tierra con un poco de agua en un cuenco grande. Pegue el versículo en el vaso con cinta adhesiva o con pegamento. Llene el vaso con tierra e introducir 2 o 3 semillas en la tierra. Dígales a los niños que mantengan la tierra *húmeda* cada día.

Música para Sefirat Ja-Omer

León de Judá

Por Ted Sandquist
Utilizado con permiso

2. León de Judá venid al la tierra, quiero agradecerte por Tu nacimiento; por la Palabra Viviente, por Tu muerte en el árbol, por Tu resurrección victoriosa. ¡Aleluya! ¡Aleluya!

3. León de Judá venid otra vez, toma Tu trono, Jerusalén. Traed la liberación a éste mundo, y la consumación de Tu reino, dajadlo venir. ¡Maranata! ¡Maranata!

4. Repetir la primera estrofa.

4

 **Shavuot**

Fiesta de las Semanas o Pentecostés

Antecedentes históricos

A partir del día siguiente al sábado, es decir, a partir del día en que traigan la gavilla de la ofrenda mecida, contarán siete semanas completas. En otras palabras, contarán cincuenta días incluyendo la mañana siguiente al séptimo sábado; entonces presentarán al SEÑOR una ofrenda de grano nuevo. Desde su lugar de residencia le llevarán al SEÑOR, como ofrenda mecida de las primicias, dos panes hechos con cuatro kilos de flor de harina, cocidos con levadura. Junto con el pan deberán presentar siete corderos de un año, sin defecto, un novillo y dos carneros. Serán, junto con sus ofrendas de cereal y sus ofrendas de libación, un holocausto al SEÑOR, una ofrenda presentada por fuego, de aroma grato al SEÑOR. Luego sacrificarán un macho cabrío como ofrenda por el pecado, y dos corderos de un año como sacrificio de comunión. El sacerdote mecerá los dos corderos, junto con el pan de las primicias. Son una ofrenda mecida ante el SEÑOR, una ofrenda consagrada al SEÑOR y reservada para el sacerdote. Ese mismo día

57

*convocarán ustedes a una fiesta solemne en honor al SEÑOR,
y en ese día no harán ningún trabajo. Éste será un estatuto
perpetuo para todos tus descendientes, dondequiera que
habiten.* (Levítico 23:15-21)

El significado de esta festividad, al igual que la mayoría de
los días festivos en la biblia, se puede entender en gran parte
por su nombre. En este pasaje al día de fiesta se le llama
Bikurim (Primeros Frutos), porque es un día en el que se ofren-
dan a Dios las primicias de la cosecha.

Tomando en cuenta el contexto del último capítulo, que
trata de Sefirat Ja-Omer, se entiende que aquí el nombre se refiere a los últimos frutos de la cosecha de primavera. Anteriormente, los primeros frutos tempranos (la cosecha de cebada)
eran presentados y mecidos delante del Señor. Cincuenta días
después, se ofrecían al Señor los primeros frutos tardíos (la cosecha de trigo).

La fiesta de los Primeros Frutos pertenece al grupo de los
shelosh regalim, que son los tres festivales para los cuales, de
ser posible, cada varón judío debe de ir a Jerusalén (Deuteronomio 16:16). La fiesta de los Primeros Frutos está incluida
en esta lista selecta. Tiene un gran significado profético en el
plan de Dios para su pueblo.

Esta festividad se conoce mejor por otros dos nombres.
La gente judía le llaman *Shavuot* (semanas) porque se lleva a
cabo siete semanas después de un evento específico (Deuteronomio 16:10). Los judíos de habla griega y muchos cristianos
no judíos lo conocen como «Pentecostés» (cincuenteno)
porque se lleva a cabo cincuenta días después de cierto día
(Levítico 23:16).

Shavuot es un tiempo nombrado para dar gracias por la
cosecha temprana. La fidelidad de Dios al proveer la cosecha
temprana de trigo incrementa la esperanza de una cosecha
abundante de otoño (*Sukot*). Dar gracias por la provisión presente lleva a tener fé para una adición en el futuro. ¡Qué Dios

más maravilloso tenemos! ¡Él provee a todas nuestras necesidades conforme a las gloriosas riquezas que tiene en el Mesías (Filipenses 4:19).

Celebración judía tradicional

La práctica tradicional de Shavuot por los judíos tiene múltiples aspectos y ha evolucionado algo desde los tiempos de la Biblia. Como se describe en la Torá, la práctica bíblica se concentraba en las ofrendas de granos y animales. Parte de la ofrenda de trigo era horneado y convertido en dos panes de pan con levadura, en contraste sorprendente con la matza que se comía unas semanas antes. La levadura representa simbólicamente al pecado. Estos dos panes se llevaban al Templo y, con gran ceremonia, se mecían por todos lados delante del Señor. Este acto era una manifestación pública de la provisión de Dios para todo su pueblo (*Mishna Bikurim* 3:2).

Otra lección que aprendemos de esta fiesta se refiere a la necesidad de redención que tiene aquél que presenta la ofrenda. Esto se puede percibir por medio de los sacrificios de animales que acompañaban la ofrenda de trigo. La ofrenda por referencias de los corderos, el becerro y los carneros simbolizaba la necesidad de una víctima inocente para quitar el pecado del pueblo. Levítico 17:11 resume el tema de los sacrificios de la Torá:

Porque la vida de toda criatura está en la sangre. Yo mismo se la he dado a ustedes sobre el altar, para que hagan propiciación por ustedes mismos, ya que la propiciación se hace por medio de la sangre.

Estos sacrificios presagiaban el cumplimiento profético que iba a venir más tarde con Yeshúa, el Mesías—¡el sacrificio perfecto para la expiación del pecado!

Desde la destrucción del Templo en el año 70 d.C., la práctica contemporánea de Shavuot por los judíos ha cambiado. Todavía se considera un tiempo especial para recordar la fidelidad de Dios; sin embargo, ha evolucionado una fascinante tradición adicional desde entonces. Los rabinos descubrieron que los israelitas llegaron al Monte Sinaí en el tercer mes después de la Pascua (Éxodo 19:1). Shavuot es el día en que Moisés recibió la ley para liberar al pueblo. La práctica moderna incluye la conmemoración de la entrega de la Torá a Israel. Por lo tanto, el nombre rabínico de Shavuot es *Se-man Matan Torateynu* (el tiempo de la entrega de nuestra ley).

Esta convicción afecta las costumbres de la fiesta. La sinagoga se decora normalmente con follaje, flores y canastas de fruta para simbolizar el tema de la cosecha de Shavuot. La lectura de las Escrituras es de Éxodo 19-20 (la entrega de la ley) y Ezequiel 1 (la visión del profeta de la gloria de Dios). También se lee el rollo de Rut ya que la historia se lleva a cabo durante la cosecha de primavera.

Otra costumbre especial, *Tikun Leil Shavuot* (preparándose para la llegada de Shavuot), surgió del amor que el pueblo judío tiene para la Torá. Los judíos tradicionales se quedan despiertos la primera noche de Shavuot estudiando la Torá.

Muchas sinagogas normalmente llevan a cabo servicios de confirmación para los adolescentes durante esta temporada a fin de reconocer la culminación de sus estudios juveniles de la Torá.

Los rabinos talmúdicos le atribuían un significado mesiánico a Shavuot. En Tractate Sanhedrin 93b del Talmud se encuentra una discusión interesante acerca de algunos de los detalles del rollo de Rut. Se le atribuye un significado espiritual a las seis medidas de cebada que Rut le presentó a Boaz (Rut 3:15). Algunos rabinos les consideraban a estas seis medidas representativas de seis descendientes famosos de Rut la moabita. ¡Estos seis personajes incluyen a David, a Daniel y al Rey Mesías! Los creyentes en Yeshúa pueden reconocer fácilmente el gran significado mesiánico de los primeros frutos tardíos.

La celebración doméstica de Shavuot observa muchas de las mismas costumbres que otras festividades bíblicas. Al aproximarse el día de Pentecostés, se pone la mesa festiva con la mejor vajilla y los mejores manteles. La ama de casa enciende las velas del *yom tov* (día de fiesta). Después de las bendiciones tradicionales y la oración, se cantan las bendiciones sobre la copa de vino o de jugo de uva kosher (kiddush). El pan de tipo jalá se bendice y se comparte con todos.

Posteriormente se sirve la cena tradicional con alimentos que simbolizan Shavuot. Los alimentos derivados de la leche son apropiados, ya que a las Escrituras se les llama a menudo «la leche de la palabra» (1 Pedro 2:2). Es común servir blintzes (crepas) de queso y pay de queso durante Shavuot. Todas estas costumbres sirven para recordarle a Israel que Shavuot es una maravillosa e importante fiesta del Señor.

Celebración en el Nuevo Testamento

Se menciona esta fiesta varias veces en el Nuevo Testamento. El Rabíno Saúlo de Tarso planeaba sus viajes en relación con Shavuot (1 Corintios 16:8). Se encuentra el relato más conocido de este día de fiesta en el libro de Hechos:

> *Cuando llegó el día de* [Shavuot], *estaban todos juntos en el mismo lugar. De repente, vino del cielo un ruido como el de una violenta ráfaga de viento y llenó toda la casa donde estaban reunidos. Se les aparecieron entonces unas lenguas como de fuego que se repartieron y se posaron sobre cada uno de ellos. Todos fueron llenos del* [Rúaj Ja-Kódesh] *y comenzaron a hablar en diferentes lenguas, según el Espíritu les concedía expresarse. Estaban de visita en Jerusalén judíos piadosos, procedentes de todas las naciones de la tierra...Desconcertados y perplejos, se preguntaban: «¿Qué quiere decir esto?»* (Hechos 2:1-5, 12).

Este relato es interesante considerando los antecedentes de Pentecostés. Para la comunidad judía tradicional, siempre ha sido un día en el que se dan gracias a Dios por la cosecha temprana, confiando en una cosecha tardía. Lo que se había entendido en el ámbito físico de la Torá se manifestó en el ámbito espiritual de los tiempos del Nuevo Pacto. Ésta ha llegado a ser la fiesta de las Primicias más famosas. Los frutos tempranos ya han llegado; la promesa implícita de la cosecha tardía también vendrá.

El cumplimiento profético

Esto sincroniza con las promesas en las Escrituras acerca de un resurgimiento judío mesiánico en los últimos días. Números crecientes de judíos creerán en Yeshúa hasta que llegue el día final en que «todo Israel será salvo» (Romanos 11:26). Yo personalmente creo que el creciente resurgimiento entre judíos que creen en el Mesías hoy en día indica que estamos acercándonos a ese tiempo. El crecimiento explosivo del movimiento judío mesiánico da testimonio de esta realidad moderna.

Hechos 2 revela detalles asombrosos confirmando los antecedentes judíos de este Pentecostés del Nuevo Testamento. La lectura tradicional de los profetas para Shavuot es Ezequiel 1. Este pasaje muestra dramáticamente la visión que tuvo Ezequiel de la gloria de Dios. Él describe esa tremenda manifestación en los siguientes términos:

> De pronto me fijé y vi que del norte venían un viento huracanado y una nube inmensa rodeada de un fuego fulgurante y de un gran resplandor. En medio del fuego se veía algo semejante a un metal refulgente. (Ezequiel 1:4).

Imagínese usted miles de adoradores judíos saliendo del Templo después del servicio de la mañana (en la tercera hora, Hechos 2:15), justo después de haber leído el pasaje de Ezequiel 1. ¡De repente, parte de las mismas manifestaciones del Espíritu Santo comenzaron de aparecer delante de sus ojos! No es de sorprenderse que estaban todos asombrados y perplejos ante el ventarrón y el fuego. ¡Ciertamente les llamó la atención! Se han de haber preguntado a sí mismos si Dios no estaba revelando su gloria *Shekinah* por primera vez en casi 600 años. La gloria de Dios había estado presente cuando les dio la ley; la misma gloria se manifestaba al darles el Espíritu Santo. El profeta escribió más tarde: «Infundiré mi Espíritu en ustedes, y haré que sigan mis preceptos...» (Ezekiel 36:27).

Estos peregrinos judíos, que provenían de toda la dispersión, estaban escuchando lo imposible. Estos discípulos galileos estaban hablando en varios idiomas con un «dialecto» tan exacto que las multitudes lo consideraron un milagro irrefutable. Habiendo obtenido toda su atención por medio de estos hechos de Dios, Pedro fue capaz de predicar un sermón poderoso acerca de Yeshúa el Mesías, y 3.000 judíos respondieron al mensaje de salvación. ¡Las primicias de los creyentes habían llegado de una manera llena de maravillas!

El apóstol Santiago, en su epístola a los creyentes judíos (Santiago 1:1), enfatiza este hecho histórico mientras les recuerda a sus lectores:

Por su propia voluntad nos hizo nacer mediante la palabra de verdad, para que fuéramos como los primeros y mejores frutos de su creación. (Santiago 1:18).

La mejor manera de resumir el tema de Shavuot es por usar la palabra resurgimiento. Israel fue llamado a alabar a Dios por los primeros frutos de la tierra, sabiendo que estos primeros frutos tempranos aseguraban la cosecha tardía. Esto también aplica al Reino Espiritual de Dios. Los primeros frutos de creyentes en Shavuot prácticamente garantizan un resurgimiento en la cosecha espiritual de los últimos días para el Mesías. Ahora podemos entender por que Dios incluyó Shavuot dentro de los tres festivales requeridos para cada varón judío. Así como la Pascua habla de la redención, Shavuot habla del resurgimiento, especialmente durante esta era. El mensaje de Shavuot es uno de gran esperanza y gozo. Que venga pronto el día cuando el Espíritu Santo sea derramado sobre la casa de David, y todos ellos puedan ver, en fe, a aquél que fue traspasado (Zacarías 12:10).

Una guía práctica para los creyentes en el Mesías

Con todo el significado espiritual que existe detrás de Shavuot, los creyentes en Yeshúa pueden encontrar gran bendición por celebrar esta fiesta. Se puede guardar mucho de la práctica judía tradicional. Pero cuando los creyentes le agregan la perspectiva mesiánica, esta fiesta adquiere más significado.

La celebración práctica de Shavuot comienza cuando termina Sefirat Ja-Omer. Un día antes del comienzo de Pentecostés, se deben de llevar a cabo varios preparativos para este día de fiesta. Se pone la mesa con la mejor vajilla y los mejores manteles. Si quiere, puede decorar la casa con follaje o flores frescas, que sirven de recordatorio del tema de la cosecha que se celebra. Al ponerse el sol en Erev Shavuot (la víspera de Pentecostés), la familia y los amigos se reúnen alrededor de la mesa festiva. Las velas del día de fiesta se encienden y se recita la siguiente bendición:

Barukj atah Adonai Elojenu melekj ja-olam,
asher kidshanu be-mitzvotav le-jayot or le-goyim
ve-natan-lanu Yeshúa mi-shi-jeinu ja-or la-olam.

Bendito eres Tú, Oh Señor nuestro Dios, Rey del universo,
que nos has santificado con tus mandamientos
y nos has mandado que seamos una luz a las naciones
y que nos has dado a Yeshúa, nuestro Mesías, la Luz del Mundo.

En la primera noche de Shavuot, agregamos:

Barukj atah Adonai Elojenu melekj ja-olam,
She-je-jiyanu ve-kiya-manu ve-jigui-yanu lazman hazé.

Bendito eres Tu, Oh Señor nuestro Dios, Rey del universo,
que nos has dado la vida, nos has sostenido
y nos has traído hasta esta temporada.

Se cantan las bendiciones sobre el vino y la jálah con las melodías tradicionales. En seguida se sirve la cena tradicional, que debe de incluir platos a base de productos lácteos para conmemorar la leche, que es la Palabra de Dios. La palabra de Dios se convierte en un gozo especial para los creyentes en Yeshúa porque su Espíritu Santo les permite a los creyentes seguir su instrucción.

Muchas congregaciones mesiánicas tienen servicios especiales en la víspera de Shavuot, así como servicios matutinos por la mañana siguiente. La adoración corporativa y la convivencia son consecuentes con la intención de Pentecostés. Después del servicio de la víspera, puede que los creyentes ambiciosos deseen llevar a cabo su propio Tikun Leil Shavuot (preparación para la noche de Pentecostés). Como aprendimos anteriormente, ésta es la tradición de quedarse despiertos hasta altas horas de la noche estudiando la Torá. Puede que un grupo de creyentes mesiánicos quiera enfocarse en el estudio de los cinco libros de Moisés y de las bendiciones del Espíritu Santo. Cualquiera que sean las costumbres que se incorporen, la fiesta de Shavuot puede ser una verdadera bendición para aquellos que tienen el Espíritu Santo en su interior.

Recetas para Shavuot

BLINTZES O CREPAS

INGREDIENTES:

Crepas:

1 taza de harina

½ cucharadita de sal

4 huevos

1 taza de leche

Mantequilla o margarina para freír

Relleno:

1 taza de requesón

½ taza de crema agria

2 cucharadas de azúcar

1 cucharadita de vainilla

INSTRUCCIONES:

Mezcle los ingredientes para las crepas. Unte con mante-quilla un sartén y caliéntelo. Ponga como ° taza de la mezcla en el centro del sartén para formar un círculo grande. Cuézalo de un lado solamente, hasta que la crepa comience a «cocerse» y los bordes se arrollen. Póngalas en un plato con el lado frito boca arriba. Continúe haciendo las crepas hasta que el resto de la mezcla de harina se haya acabado, añadiendo mantequilla al sartén si es necesario.

Mezcle los ingredientes del relleno. Ponga aproximada-mente dos cucharadas de relleno en el lado cocido de la crepa. Doble las crepas a la mitad y nuevamente a la mitad para que queden en cuatros. Póngalas nuevamente en el sartén y fríalas a fuego lento hasta que el centro esté cocido.

Fideos (tallarines) kugel

* Ojo: Mezcle los ingredientes y refrigerarlos una noche antes de hornearlos.

Ingredientes:

1 libra (½ kilo) de tallarines medianos

2 pintas de crema agria

3 tazas de media crema (mitad leche y mitad crema; en inglés «half and half»).

7 huevos

1½ tazas de azúcar

4 onzas de margarina derretida

1 cucharadita de vainilla

1 taza de pasas claras

½ taza de cereal (Corn Flakes)

1 cucharadita de canela

2 cucharaditas de azúcar

Instrucciones:

Hierva los tallarines hasta que estén listos. Escurra el agua. En un tazón grande, mezcle bien la crema agria, los huevos, la azúcar, la margarina y la vainilla. Agregue los tallarines y las pasas. Pase todo a un molde grande previamente engrasado de 10 x 15 pulgadas (40 x 25 x 2 cm.). Aparte, en un recipiente mezcle el cereal, la canela, y la azúcar. Espolvoree esta mezcla sobre los tallarines. Cubra el molde con papel de aluminio y refrigérelo toda la noche. Prenda el horno a 350° F (180° C); hornéelo por 1 ° horas.

Payes de queso en miniatura

Ingredientes:

12 galletas redondas de vainilla (Vanilla Wafers)

2 paquetes de 8 onzas de queso crema Filadelfia

½ taza de azúcar

1 cucharadita de vainilla

2 huevos

Instrucciones:

Use un molde para pastelitos y coloque dentro de cada uno forros de aluminio. Ponga una galleta en cada forro. Con una batidora a velocidad mediana mezcle bien el queso crema, la vainilla y la azúcar. Añada los huevos hasta que estén bien mezclados. Una vez que está hecha la mezcla, llene cada forro al nivel 3/4 y hornéelos por 25 minutos a 325° F (163°C). Sáquelos del horno y déjelos enfriar. Ya que estén fríos se puede agregar fruta, mermeladas, nueces, chocolate o relleno para pastel.

Manualidades para Shavuot

Los diez Mandamientos recibidos en el Sinaí

MATERIALES:

> vasos
> papel
> plumones
> diseño de las placas

INSTRUCCIONES:

Corte rectángulos de papel de tal manera que puedan caber encima de un vaso invertido. Haga que los estudiantes decoren esto como una montaña con piedras, plantas, y césped. Adhiera o grape sobre el vaso. Recorta el diseño de las placas y pegue o grape encima. Escriba "Monte Sinaí" y "Éxodo 20" sobre los vasos.

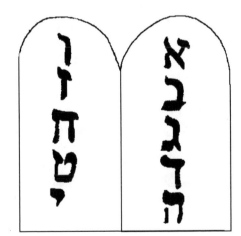

Bandana del Espíritu Santo

MATERIALES:

> cartulina

INSTRUCCIONES:

Corte pedazos largos de cartulina que puedan rodear la cabeza de un niño. Dibuje llamas sobre pedazos de papel y haga que el niño las recorte. Pegue, adhiera, o grape las llamas a las bandanas. Escriba "Lenguas de fuego llenas del Espíritu Santo, Hechos 2." Entonces mida la bandana en la cabeza del niño antes de grapar la bandana para formar un círculo.

Reflexión acerca del interludio entre los días de fiesta

Con el cierre de Shavuot, llegamos al final de la temporada de los días santos de primavera. Empezó con la redención de Pesaj, siguió la resurección de Sefirat Ja-Omer, y culminó con el resurgimiento de las Primicias. Históricamente, estas tres celebraciones ya han sido cumplidas proféticamente de acuerdo con los eventos en el calendario de Dios. Por consiguiente, ahora hay un lapso de tiempo durante el largo verano en el que no hay días de fiesta bíblicos. Las cosechas crecerán durante los meses del verano hasta la llegada de los días de fiesta de otoño que hablan de eventos que sucederán justo antes de la segunda venida del Mesías. Como Yeshúa mismo dijo:

> *Aprendan de la higuera esta lección: Tan pronto como se ponen tiernas sus ramas y brotan sus hojas, ustedes saben que el verano está cerca. Igualmente, cuando vean todas estas cosas, sepan que el tiempo está cerca, a las puertas.* (Mateo 24:32-33).

Hoy en día nos encontramos en ese largo y caluroso verano en el que Dios está cultivando lo que será cosechado. Muchas señales indican que el verano está llegando rápidamente a su fin y el cumplimiento profético de los días santos de otoño está por comenzar. ¿Estamos listos para la venida del Mesías? ¿Estamos laborando para ayudar a que llegue la cosecha de estos últimos días?

5

⬛ Rosh Ja-Shanah

El Año Nuevo

Antecedentes históricos

*El SEÑOR le ordenó a Moisés que les dijera a los israelitas:
"El primer día del mes séptimo será para ustedes un día de
reposo, una conmemoración con toques de trompeta, una
fiesta solemne en honor al SEÑOR. Ese día no harán ningún
trabajo, sino que presentarán al SEÑOR ofrendas por fuego."*
(Levítico 23:23-25).

Uno de los datos más fascinantes acerca de Rosh Ja-
Shanah, es que se le considera la celebración de "Año Nuevo."
La verdad es que se celebra cuando se aproxima el séptimo mes
del calendario. ¿Acaso alguien cometió un estrepitoso error en
sus cálculos?

Veamos, el año bíblico inicia en la primavera con el mes de Nisan (Exodo 12:2). Esto tiene cierta lógica. Es el principio de la temporada de la cosecha nueva.

Sin embargo, los rabinos le han dado un significado tan especial a este Shabat, que eventualmente lo llegaron a considerar como el Año Nuevo "espiritual," (ya que es el primer día de los días de fiesta de la temporada de Otoño). De ahí también que se deriva un cambio de nombre. Bíblicamente se le conocía como *Yom Teruaj* (la fiesta del sonido, o de las trompetas), este primer día de Tishri vino a ser mejor conocido como "Rosh Ja-Shanah," la Cabeza del Año.

Sumarizándolo en una sola frase, el propósito de este día es el de regresar en unidad a la fe. Puesto que los festivales de Otoño son un llamado a volver a tener una fe pura en Dios. De tal manera que Rosh Ja-Shanah ha venido a representar el día del arrepentimiento. Este es el día cuando el pueblo de Israel hace un inventario de su condición espiritual y realiza los cambios necesarios para asegurarse que el año nuevo que inicia será agradable a Dios.

Es tan importante este día de Rosh Ja-Shanah, que de hecho, todo el mes hebreo que le precede, el mes de Elul viene a tomar un significado propio. Los rabinos enfatizaban que el período de cuarenta días que abarca desde Elul hasta en décimo día de Tishri (Yom Kipur), debería ser un tiempo de preparación spiritual. Esto se basaba en la creencia de que había sido precisamente en el primero de Elul, cuando Moisés habia ascendido al Monte Sinaí para recibir el segundo juego de Tablas de la Ley y que descendió en Yom Kipur *(Pirke DeRabbi Eliezer 46)*

Celebración Judía Tradicional

En las sinagogas, todos los días se toca el *shofar*, o cuerno de carnero, para alertar a los fieles que el tiempo del arrepentimiento ya se acerca. Muchos varones ortodoxos llevan a cabo una inmersión especial en agua (en Hebreo, *tevilah mikveh*) para simbolizar la limpieza de sus caminos).

Ya que el tema de Rosh Ja-Shanah es el arrepentimiento, el carácter de la celebración viene a ser un tanto sombrío, pero siempre con un tinte de esperanza debido al perdón de Dios. En el hogar judío tradicional, la noche inicia con la cena festiva que incluye muchos de los platillos tradicionales. Enseguida se acostumbra asistir al servicio vespertino de la sinagoga. Gran parte del día siguiente, se dedica también a la adoración.

La liturgia, la música y las oraciones enfatizan el recurrente tema del arrepentimiento, el volverse a Dios. Ya que este día es un shabat, la mayoría de los judíos toman el día de descanso sin ir a trabajar o a la escuela, para poder guardar el día de la manera correcta.

Los grupos tradicionales, pasan la tarde de Rosh Ja-Shanah cerca de una masa de agua (oceano, lago o arroyo), observando el servicio antiguo, *Tashlij*. La palabra proviene de Miqueas 7:19 donde el profeta promete: "...arroja al fondo del mar todos nuestros pecados." Para ilustrar esta hermosa verdad, la gente arroja migajas de pan o piedrecillas en el agua y se regocijan en la promesa del perdón de Dios.

Con estos temas en mente, la comunidad judía acostumbra enviar tarjetas de felicitación a sus amigos y familiares con deseos de bendiciones para el Año Nuevo.

La costumbre más notoria es el *shofar*, la trompeta que se menciona en el texto bíblico. El shofar se toca en la sinagoga con cuatro notas diferentes: *tekia* (ráfaga), *shevarim* (notas quebradas), *teruaj* (alarma) y *tekia gedolaj* (la gran ráfaga). Estas notas contienen lecciones espirituales. Los rabinos observaron que el shofar se usaba en el mundo antiguo para saludar a un rey. Entonces, de igual manera, en Rosh Ja-Shanah, se dice que todo Israel viene a aparecer delante del Rey de Reyes esperando el juicio personal. El shofar también se sonaba a menudo en la Biblia, para reunir a las tropas que se debían preparar para la batalla (ver Josué 6). En este caso, el shofar es nuestra "alarma de despertador;" una alarma que nos llama venir al tiempo que se nos ha asignado.

El cumplimiento profético

Al igual que todos los otros días santos en la Biblia, existe un significado no solo profético, sino histórico en Rosh Ja-Shanah. Muchos rabinos clásicos han visto que existe una conexión entre Rosh Ja-Shanah, como el día de volver a reunirse, y el Mesías, quien vendría a ser el agente de esta reunión. Por ejemplo, en una obra del siglo ocho después de Yeshúa, encontramos el siguiente comentario:

> *Meshiaj ben David (hijo de David), Elías y Zerubabel, la paz sea con él, ascenderá al Monte de los Olivos. Y Meshiaj le ordenará a Elías que toque el shofar. La luz de los seis días de la creación regresará y será vista, la luz de la luna será como la luz del sol y Dios enviará sanidad completa a todos los enfermos de Israel. La segunda ráfaga que Elías tocará, hará que se levanten los muertos. Ellos se levantarán del polvo y cada hombre reconocerá a su compañero, así como esposo a esposa, padre e hijo, hermano y hermana. Todos vendrán al Mesías desde los cuatro confines de la tierra, del este y del oeste, del norte y del sur. Los hijos de Israel volarán en las alas de águilas y vendrán a Meshiaj...* (Ma'ase Daniel como se cita en Patai, p. 143).

Mientras que el énfasis histórico de este día de fiesta es el arrepentimiento, el tema profético mira hacia el día futuro cuando la reunión espiritual plena ocurra bajo el Mesías.

Todos los detalles de Rosh Ja-Shanah se vuelven más interesantes al considerar el Nuevo Testamento y la vida de Yeshúa. El gran peso de evidencia bíblica me ha llevado a estar de acuerdo con aquellos que dicen que el nacimiento del Mesías sucedió al final del otoño, y no en invierno (ver el capítulo acerca de "Sukot"). Si esto es correcto, podemos tener un cálculo aproximado del tiempo cuando Yeshúa inició su ministerio público. Tal y como Lucas lo menciona en su evangelio (Lucas 3:23), "*Yeshúa* tenía como treinta años" colocando así el tiempo de su bautismo y su primera predicación en el otoño de ese año.

Considere usted el tema paralelo de Rosh Ja-Shanah. No sería nada extraño que Yeshúa hubiera venido a tener una inmersión/mikveh especial en el otoño de ese año (Mateo 3:13-17). ¿Existe acaso una relación entre esto y el período de 40 días donde lo prueba el adversario (Mateo 4:1-11)? Y ¿cuál era el mensaje que Yeshúa comienza a proclamar inmediatamente después de esos cuarenta días? "Arrepiéntanse, porque el reino de los cielos está cerca."

No podía haber sido mejor para que el Mesías iniciara su ministerio terrenal, sino precisamente, el tiempo de la celebración del año nuevo espiritual. La evidencia histórica parece indicar que el mes de Elul sirvió como la hora perfecta de preparación para el mensaje espiritual más grande que hubiera venido a Israel: ¡Volveos a Dios, el Mesías ha llegado!

Existe una rica verdad profética asociada con la Fiesta de las Trompetas. Mientras que por una parte se caracteriza por ser un tiempo de reunión introspectiva y de preparación espiritual; también alude a un cumplimiento profético a futuro de otro Rosh Ja-Shanah. Donde se hace referencia a la reunión futura de creyentes en el Mesías, comunmente conocida como "el rapto." El Rabino Saúl, (el apostol Pablo), nos revela la interesante conexion que existe con esta fiesta.

El Señor mismo descenderá del cielo con voz de mando, con voz de arcángel y con trompeta de Dios, y los muertos en Cristo (Meshíaj) resucitarán primero. Luego los que estemos vivos, los que hayamos quedado, seremos arrebatados junto con ellos en las nubes para encontrarnos con el Señor en el aire. Y así estaremos con el Señor para siempre. Por lo tanto, anímense unos a otros con estas palabras. (1 Tesalonicenses 4:16-18).

Esta celebración es la imagen perfecta de la reunión de los creyentes. En el futuro, todos los verdaderos creyentes en Yeshúa, serán reunidos para encontrarse con Él en las nubes. Los muertos en el Mesías se levantarán primero, y les seguirán inmediatamente aquellos creyentes que esten vivos en ese tiempo. No es de sorprenderse que la señal para la reunión sea el sonido del shofar. A decir verdad, en ese pasaje se refiere precisamente a una nota en particular que se toca en Rosh Ja-Shanah. La palabra que normalmente se traduce como "grito" en el versículo 16, viene del Hebreo, teruaj, que se traduce mejor en este contexto como el toque de alarma del shofar. También encontramos en otras partes del Nuevo Testamento referencias similares acerca del shofar que se toca como señal del rapto (ver 1Corintios 15:50-58 y Apocalipsis 4:1).

Otro cumplimiento profético muy importante de Rosh Ja-Shanah, es la reunión del remanente de creyentes judíos en la segunda venida del Mesías. Tiempo atrás en el siglo séptimo, antes de Yeshúa, el profeta Isaías escribió:

> *"En aquel día el SEÑOR trillará desde las corrientes del Eufrates hasta el torrente de Egipto, y ustedes, israelitas, serán recogidos uno por uno. En aquel día sonará una gran trompeta. Los que fueron llevados a Asiria y los que fueron desterrados a Egipto vendrán y adorarán al SEÑOR sobre el monte santo en Jerusalén."* (Isaías 27:12-13)

Aquí vemos claramente, como este pasaje se refiere a una reunión del remanente de creyentes en los días postreros, ya que todavía estamos esperando que su shofar le de cumplimiento. De la misma manera, el Mesías Yeshúa, cuando se le preguntó acerca del futuro de Israel, lo confirmó como una promesa para los últimos días como lo vemos en su propia ensenanza:

> *"Y al sonido de la gran trompeta (shofar) mandará a sus ángeles, y reunirán de los cuatro vientos a los elegidos, de un extremo al otro del cielo."* (Mateo 24:31)

Los creyentes en Yeshua Ja-Mashíaj deberían de tener una profunda apreciación de Rosh Ja-Shanah, cuya celebración encierra tanta riqueza. Ha servido históricamente como un tiempo de arrepentimiento y de preparación espiritual, temas de los cuales tenemos mucho que aprender. Proféticamente, se nos recuerda la promesa de Dios de volver a reunir y restaurar a su pueblo escogido, el Israel de los días postreros. El sonido del shofar, también es un recordatorio de la bendita esperanza que posee cada creyente mesíanico: Podemos entrar en el perdón del Mesías, a cualquier hora (Tito 2:13). Pongamos atención hermanos al sonido del shofar, y a todo lo que Rosh Ja-Shanah tiene que enseñarnos.

Una guía práctica para los creyentes en Yeshúa

Hay un sinfín de maneras de guardar la fiesta de Rosh Ja-Shanah. En las sinagogas, la preparación inicia en el mes hebreo que le precede, Elul, sonando el shofar en Shabat. Se ofrecen oraciones especiales para el arrepentimiento llamadas *selikjot*. Para los judíos mesiánicos, tanto como para los gentiles, es un tiempo de guardar la fiesta en el mismo espíritu de arrepentimiento. Tal vez alguien desee comprar un shofar y tocarlo cada mañana durante el mes que le precede a Rosh Ja-Shanah. Esto podría usarse para alimentar el verdadero espíritu de esta fiesta, enfocándonos en el arrepentimiento y en un caminar puro con Dios.

Una celebración vespertina especial se puede organisado al llegar el primer dia de Tishri. Al igual que la mayoría de los dias de fiesta judíos, gran parte de los preparativos para la celebración giran alrededor de una comida especial. La mesa se adorna con la mejor vajilla, los mejores manteles y dos candeleros con velas. El color blanco es el que se acostumbra usar en este día, basado en la promesa de que Dios hará cambiar nuestros pecados de rojo escarlata a blanco como la nieve (Isaias 1:18). Esta costumbre puede incluir el mantel, pero a menudo también se aplica a la vestimenta personal. Para los creyentes, es una hermosa manifestación de la limpieza que recibimos en Yeshúa. Es tradicional encender las velas especiales para la fiesta con la bendición apropiada que es ligeramente diferente de la bendición estándar del Shabat.

Barukj atah Adonai, Elojenu melekj ja-olam
asher kidshanu be-mitzvotav,
ve-tzi-vanu le-jadlik ner shel yom tov.

Bendito eres tú, Oh SEÑOR nuestro Dios, Rey del universo,
que nos has santificado con tus mandamientos
y nos has mandado encender las luces del día de fiesta.

Después de las velas, se bendice el dulce vino y la jálah especial que en este día es redonda y con pasas. Ambos nos recuerdan el importante tema de Rosh Ja-Shanah, que es el que experimentemos un dulce y completo Año Nuevo bajo la bendición de Dios.

Los platillos que se sirven en la cena también manifiestan lo mismo. Puede que se sirvan los *tzimmes* tradicionales, (zanahorias con miel) asi como pastel de miel, de postre. Una de las costumbres más gráficas, es mojar rebanadas de manzana en miel para probar la increible dulzura que viene de nuestro padre celestial. Debe de tomarse en cuenta que el saludo tradicional de esta temporada es *le-shana tova u-metukaj* (que tengas un buen y dulce Año Nuevo). Como plato principal se acostumbra servir pavo o brisket. Un platillo con mucho significado es un pescado que se sirve con todo y cabeza. Esto ilustra la promesa de Dios, de que habrá un tiempo cuando Israel no será más cola, sino cabeza (Deuteronomio 28:13).

Después de la cena, la celebración es un tiempo de adoración y meditación. Normalmente esto se lleva a cabo en el servicio de la sinagoga. Es necesario comprar los boletos con anticipación, ya que los judíos no acostumbran recoger la ofrenda durante los servicios. Tanto cuotas de membresia como boletos individuales para los días de fiesta principales se cobran.

Los creyentes en Yeshúa pueden asistir a un servicio de Rosh Ja-Shanah en la congregación mesiánica de su localidad. Ahí pueden celebrar las variadas costumbres de esta festividad entre sus hermanos creyentes. ¡Es un gran gozo escuchar el sonido del shofar, experimentar las oraciones corporativas y adorar con música dentro de la plenitud del Mesías! Si no hay un grupo o congregación mesiánica cerca de donde vive, tal vez pueda llevar a cabo el servicio en casa, que puede incluir muchos de los mismos elementos que hemos mencionado para dirigir la atención a este día tan especial.

Como se trata de un shabat, el día siguiente puede apartarse tomándose el día de descanso en el trabajo y/o escuela. Normalmente hay un servicio especial en la mañana de Rosh Ja-Shanah para continuar adorando al Rey con la comunidad de creyentes. Después del servicio matutino, temprano por la tarde, se acostumbra hacer la ceremonia llamada Tashlikj. Este es un servicio con mucho significado para los creyentes. Se arrojan al mar las migajas de pan, (que representan los pecados), se toca el shofar y se elevan cantos de alabanza para celebrar la verdad contenida en Miqueas 7:19!

Ya que nuestro grupo en San Diego, California goza de clima cálido, hemos podido incluir también un servicio de inmersión. Al final se disfruta de día de campo y convivencia. Ya sea que se celebre en casa o en las instalaciones de su congregación, Rosh Ja-Shanah puede ser un tiempo maravilloso de avivamiento espiritual, preparándonos para volver a reunirnos con el Rey de Reyes, ¡Yeshúa!

Recetas para Rosh Ja-Shanah

PASTEL DE MIEL DE ABEJA

INGREDIENTES:

- ½ taza de aceite
- ⅓ taza de miel de abeja
- ⅓ taza azúcar morena (compactándola para que no quede suelta)
- 1 taza de puré de manzana
- 1½ taza de harina
- 1¼ cucharadita de bicarbonato de sodio
- ¼ cucharadita de sal
- 1 cucharadita de canela
- ½ cucharadita de nuez moscada (opcional)
- ¼ cucharadita de clavos molidos (opcional)

INSTRUCCIONES:

Mezclar el aceite, miel, azúcar y el puré de manzana. Añada los ingredientes secos, mezclando todo muy bien. Vaciar la mezcla a un molde refractario cuadrado previamente engrasado de 8 o 9 pulgadas (20 x 5 cm. ó 22-23 x 4.5 cm.). La receta se puede duplicar y se pone en un molde refractario de 9 x 13 pulgadas. (34 x 22 x 4.5 cm.) Hornearlo a una temperatura de 350°F (180°C) por 35-40 minutos

ROLLOS DE FILETE DE PESCADO LENGUADO

INGREDIENTES:

- 1 cebolla mediana picadita
- 1 cucharada de aceite
- 4 filetes de lenguado pescado (como de 6 oz. cada una) (175 gramos. c/u)
- 1 calabacita (como de 10 oz.)
- 1 lata de 16 onzas de tomates cocidos y molidos

½ cucharadita de hojas secas de albahaca

⅛ cucharadita de pimienta negra

INSTRUCCIONES:

Pique las cebollas, cocínelas en aceite en una sartén de 10 pulgadas hasta que estén suaves (como unos 5 minutos). Ponga sal a los filetes de pescado únicamente por un lado y enrolle cada filete tomando cuidado que la parte que tiene sal quede por adentro. Corte la calabacita en trozos de 2-3 cms. Añada los tomates molidos, albahaca, pimienta y una cucharadita de sal, mezcle todo muy bien hasta que los tomates estén bien sazonados. Añada las calabacitas. Ponga los filetes en la mezcla del tomate. Después del primer hervor baje la temperatura, tape la cacerola y deje cocer a fuego mediano por 15 minutos o hasta que el pescado este cocido.

TZIMMES

INGREDIENTES:

- 2 lbs. (1 kg.) de zanahorias peladas y cortadas en trozos
- ¼ taza de jugo de naranja
- ½ taza de miel de abeja
- 2 lbs. (1 kg.) camotes enlatados sin la miel
- 1 lb. (1/2 kg.) de piña enlatada en trozos
- ¾ lb. (350 gms.) de fruta seca, picada
- ½ taza de pasitas
- 1 cucharada de especies para pay de calabaza (canela, genjibre, clavo y nuez moscada, todos molidos)

INSTRUCCIONES:

Hierva las zanahorias hasta que estén suaves. En una cacerola grande mezcle todos los ingredientes cocinándolos a fuego lento hasta que la fruta este suave y todo este incorporado.

Manualidades para Rosh Ja-Shanah

Shofar

MATERIALES:

Cartulina gruesa

Cinta adhesiva

Plumones de colores

INSTRUCCIONES:

Colorear y decorar el papel; enrollarlo para formar un cono y pegar con cinta adhesiva. Moje sus labios y sople para tocarlo al igual que una trompetilla.

Pastel de Cumpleaños para la Creación

MATERIALES:

Harina preparada para pastel

Ingredientes para pastel

Tazón

Molde

Horno

Betún para decorar el pastel

INSTRUCCIONES:

Mezclar y hornear el pastel de acuerdo a las instrucciones del paquete. Después de colocar el betún, escribir "Feliz Cumpleaños Mundo" con el resto del betún.

Imagen de Jerusalén

MATERIALES:

Pliego grande de cartulina gruesa para el fondo

Pegamento

Plumones de colores

Recortes de edificios estilo Jerusalén

Foliaje

Tarjetas de Rosh Ja-Shanah con fotos de Jerusalén (opcional)

INSTRUCCIONES:

Los estudiantes pueden recortar sus propios diseños, o usar recortes de otros diseños. Pegar en la cartulina. Las imágenes nos recuerdan de orar por la paz de Jerusalén. También nos recuerda del juicio venidero que comenzará por Jerusalén.

Decoración del Espíritu Santo

MATERIALES:

Fotocopia del diagrama de abajo

Plumones de colores

Base de madera (opcional)

INSTRUCCIONES:

Colorear y pegar en la base

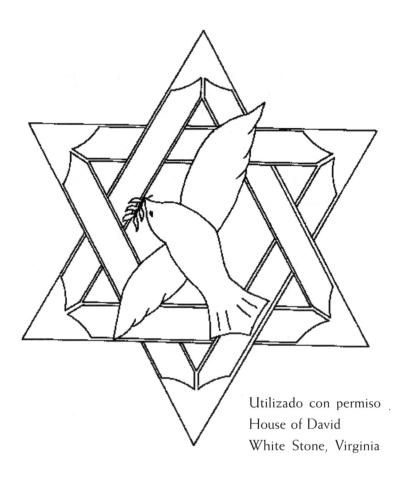

Utilizado con permiso
House of David
White Stone, Virginia

Música para Rosh Ja-Shanah

Melekj Ozair

Liturgia

Adaptado por Stuart Dauermann
Utilizado con permiso

Mel–ej   O–za–ir   u   Mo–shi–a   u   Ma–gen——————   Mel–ej   O–za–ir   u   Mo–

shi–a   u   Ma–gen   Ba – ruj a–tah   A–don–nai, Ba–ruj   A–tah   A–do–nai

Ma–gen A——— vra–ham   Ma–gen A——— vra–ham

TRADUCCIÓN:

Rey, Redentor, Salvador y Escudo; Rey, Redentor, Salvador y Escudo.

Bendito eres Tú, O Señor, Bendito eres Tú, O Señor, Escudo de Abraham.

Bendito eres Tú, O Señor, Bendito eres Tú, O Señor, Escudo de Abraham.

Tú eres El Poderoso, por siempre O Señor; Tú eres El Poderoso, por siempre O Señor.

Levantas a los muertos, dormidos en sus tumbas, Eres poderoso por salvar.

Levantas a los muertos, dormidos en sus tumbas, Eres poderoso por salvar.

Avinu Malkeynu

Liturgia   *Tradicional*

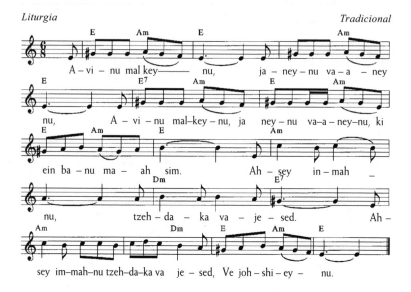

A – vi – nu mal key——— nu, ja – ney – nu va – a – ney

nu, A – vi – nu mal–key – nu, ja ney – nu va–a–ney–nu, ki

ein ba – nu ma – ah sim. Ah – sey in – mah —

nu, tzeh – da – ka va – je – sed. Ah –

sey im–mah–nu tzeh–da–ka va je – sed, Ve joh – shi – ey – nu.

6

Yom Kipur
El día de la Expiación

Antecedentes históricos

El Señor le dijo a Moisés: "El día diez del mes séptimo es el día del Perdón. Celebrarán una fiesta solemne en honor al Señor, y ayunarán y le presentarán ofrendas por fuego. En ese día no harán ningún tipo de trabajo, porque es el día del Perdón, cuando se hace expiación por ustedes ante el Señor su Dios. Cualquiera que no observe el ayuno será eliminado de su pueblo. Si alguien hace algún trabajo ese día, yo mismo lo eliminaré de su pueblo. Por tanto, no harán ustedes ningún trabajo. Este será un estatuto perpetuo para todos sus descendientes, dondequiera que habiten. Será para ustedes un sábado de solemne reposo, y deberán observar el ayuno. Este Sábado lo observarán desde la tarde del día nueve del mes hasta la tarde siguiente." (Levítico 23:26-32).

Desde tiempos antiguos, Yom Kipur se ha considerado el día de fiesta más santo en el calendario bíblico judío. El mismo nombre describe la historia que representa, ya que precisamente en ese día, una vez al año, el sumo sacerdote entraría en el lugar santísimo para ofrecer expiación para la nación. En una sola palabra, Yom Kipur ilustra el concepto de regeneración por aquellos quienes siguen el camino divino de redención de los pecados.

Levítico 16 describe con gran detalle la ceremonia a realizar en este día, la cual se centra en el sacrificio de dos machos cabríos. Un macho cabrío, llamado *Jatat* debía ser ofrecido como sacrificio de sangre para cubrir simbólicamente, los pecados de Israel. El otro macho cabrío, llamado *Azazel,* o chivo expiatorio, tenía que ser llevado delante del sacerdote. El sacerdote ponía las manos en la cabeza del cabrio mientras confesaba los pecados del pueblo. Solo que en lugar de matar al animal de la manera tradicional, el macho cabrío sería soltado en el desierto, así sacando simbólicamente los pecados de la nación y quitándolos de enmedio de ellos.

Este acto debió haber sido una imagen impactante de la provisión de la expiación por medio de la gracia de Dios. La expiación y el perdón, a través de un sacrificio substituto. El tema de Yom Kipur lo convirtió en el día de fiesta más preeminente en el antiguo Israel. Asimismo, al celebrarse diez días después de Rosh Ha-Shaná, el tema de Yom Kipur cobra era aún más importante. Lo que se inició el primer día de Tishri, que era prácticamente, el arrepentimiento y la autoevaluación, se culminaba en el decimo día del mes con la redención y con la regeneración. No hay tema más importante en las Sagradas Escrituras, que el de recibir la expiación por los pecados de acuerdo a la manera que Dios ha prescrito.

A través de toda la época del Templo y hasta el día presente, Yom Kipur ha mantenido una relación especial con el pueblo judío. En los tiempos del Templo, la manera de guardar este día estaba claramente definida, la cual se centraba en los sacrificios. Sin embargo, en el año 70 después de Yeshúa, el Templo fue destruido; por lo tanto, los rabínos y los teólogos, han sido enfrentados por cuestiones confusas.

¿Cómo se puede celebrar Yom Kipur sin tener el lugar adecuado para el sacrificio? ¿Cómo se puede tener un Yom Kipur sin el sacrificio de *Kapará* adecuado? Los rabínos del primer siglo decidieron establecer algunas substituciones, para llenar este vacío. La *Tefilá* (la oración), la *Teshuvá* (el arrepentimiento) y la *Tzedaká* (la caridad), reemplazan los sacrificios en la manera moderna de guardar Yom Kipur. Esto explica por que la observancia moderna es tan diferente de lo que era en los tiempos bíblicos.

Existen sectas judío ortodoxas que todavía ven la necesidad de que el Templo y los sacrificios de animales sean restaurados en Israel. Existe un grupo, llamado *"Temple Mount Faithful"* (Los Fieles del Monte del Templo), que se encuentran muy ocupados reproduciendo los vasijas santas y las vestiduras sacerdotales en preparación para el Templo venidero. Ya han intentado inclusive, colocar la piedra angular en el Monte del Templo en Jerusalén, creyendo firmemente que tal estructura volverá a edificarse muy pronto.

La gran mayoría de los judíos ven estas cosas como una aberración, sin embargo todo apunta hacia la necesidad preeminente de la redención, tal y como se describe en la Biblia. Si se fija uno *cuidadosamente* en la observancia moderna de la sinagoga, no es difícil ver que el tema está ahí todavía, aunque se encuentre sumergido debajo de mucha tradición.

Celebración judía tradicional

Como vimos anteriormente, Yom Kipur se considera como la extensión lógica de lo que se inició en Rosh Ha-Shaná. Verdaderamente, los diez días entre Rosh Ha-Shaná y Yom Kipur, toman un significado santo por sí mismos. Se les llaman los *Yomim Nora'im*, los Días Terribles. Los judíos tradicionales, así como muchos judíos no tradicionales, pasan estos días en análisis introspectivo, viendo como su vida interior puede ser más agradable a Dios. Se evalúan las relaciones personales; se ofrecen perdón y restitución donde se necesita, y se busca la reconciliación.

Al acercarse la noche del 10 de Tishri, se hacen preparativos especiales. Levítico 23 dice que en Yom Kipur, Israel debe "humillar su alma." Se entiende basado en la palabra hebrea *oni*, que esto significa "ayunar". En el contexto de Isaías 58:5, esta palabra se usa específicamente para el pasar sin alimento.

Una nota acerca del Ayunar

Aunque yo, personalmente creo que Yom Kipur es el único ayuno obligatorio en la Biblia, es bueno considerar otros días importantes que el judaismo rabínico ha considerado como días de ayuno. El ayuno de *Tisha Bé-Av* (el novena de Av, que normalmente cae en Agosto), en el día en el que los judíos religiosos para guardan luto por las numerosas tragedías que han sucedido en ese día. Entre la lista de tristes eventos conmemorados, se encuentran la destrucciónes del primer Templo, en el año 586 a. de C.; y la del segundo Templo, en el año 70 d. de C. La expulsión de los judíos de España sucedió también en esta fecha, en 1492. Este es un día de ayuno total, como Yom Kipur, y en este día se lee el rollo de Lamentaciones para recordar la historia trágica.

El 10 de *Tevet* (que por lo general cae a principios de Diciembre), marca el inicio del sitio en contra de Jerusalén en el año 586 antes de Yeshúa; este es otro día de ayuno menor. El ayuno de Esther (usualmente en Febrero o Marzo), recuerda los días de ayuno y de oración antes de la liberación recordada en Purim (ver capítulo 9). El 17 de *Tammuz* (en Julio), conmemora la caida de los muros de Jerusalén en el año 586 a. de C. El ayuno de Guedalías (el 3 de Tishri, normalmente en Septiembre), apunta al asesinato de este último rey de la época del primer Templo.

Mientras que no hay un mandamiento directo que ordene guardar estos días de ayuno, sí se les menciona en las Escrituras. Para los creyentes mesiánicos en Yeshúa, tal vez el versículo más significativo de ello que se encuentra en Zacarías. Él predice un tiempo en el cual estos días de luto, serán todos olvidados en los días del Mesías. Como está escrito:

> *Así dice el Señor todo poderoso: "Para Judá, los ayunos de los meses cuarto, quinto, séptimo y décimo, serán motivo de gozo y de alegría, y de animadas festividades. Amén, pues, la verdad y la paz"* (Zacarías 8:19).

¡Será ciertamente maravilloso el tiempo cuando todos estos días de luto finalmente sean transformados en gozo ante la presencia de Yeshúa Ha-Mashíaj!

De cualquier manera, Yom Kipur sigue siendo el único día de ayuno bíblico. Antes de la puesta del sol, cuando inicia el ayuno, se acostumbra tener una cena festiva. ¡Verdaderamente, es requerido tener esta cena, para apartar el día de ayuno! Al igual que las otras festividades, la mesa se adorna con las mejores galas. El blanco sigue siendo el color apropiado tanto para los manteles, como para la ropa. Simboliza la esperanza de los días de fiesta principales, la limpieza de nuestros pecados (ver Isaías 1:18). Se encienden las dos velas y se pronuncian las bendiciones sobre el vino y el pan de jalá.

Después de la cena, justo antes de que caiga la noche, inician juntos el ayuno, y el Yom Kipur. El ayuno corre desde el atardecer del noveno de Tishri hasta el atardecer del décimo. Y les advierto, cuando los judíos ayunamos, ¡lo tomamos en serio nada de comida, ni siquiera agua! A los judíos se les exhorta abstenerse de cualquier lujo durante esas veinticuatro horas. Ni diversiones, ni baños de tina no necesarios, etc. Los rabinos aclaran que el ayuno aplica solo a los adultos en buena salud, que ya han cumplido la edad de bar mitzva (trece años). Cualquier persona con problemas de salud, así como las mujeres embarazadas o amamantando, quedan exentos del ayuno.

La noche anterior al día de fiesta, (víspera de Yom Kipur), tal vez sea la ocasión más santa del año espiritual. Multitudes de judíos asisten a las sinagogas locales para el servicio de *Kol Nidre*. Kol Nidre es una oración plegaría cantada donde se le pide a Dios la liberación de cualquier voto que se haya hecho de manera inapropiada. Este ruego tiene sus orígenes en la Edad Media, cuando muchos judíos fueron *forzados* a convertirse a la iglesia, pero perseveraban en mantener la conexión con su pueblo. El servicio continua con las oraciones tradicionales y los cantos del libro de oraciones judío, que llaman a Israel a recibir la redención divina.

El día de Yom Kipur toma el carácter de un shabat santísimo. Los adoradores judíos continuan el ayuno que inició la noche anterior y de la misma manera asisten a los servicios en la sinagoga todo el día. La liturgia, las oraciones y la música tradicionales, enfatizan el tema del día, que es la necesidad de expiación por los pecados. Los servicios duran la mayor parte del día, ya que se cree que el juicio vendrá al cerrar Yom Kipur. La ferviente petición que prevalece en las oraciones es que, como judíos, quedemos escritos en el Libro de la Vida un año más.

El día cierra con un servicio muy importante, llamado *Neliah* (el cierre de las puertas). Se hace sonar el último toque del shofar. Se piensa que el destino de cada individuo para el año venidero queda sellado en ese momento. Naturalmente, la esperanza está puesta en un año nuevo espiritual dulce, y lleno de bendiciones, cosa que se ilustra en la cena que se celebra para romper el ayuno, justo despues de la puesta del sol. Lo primero que se hace es tomar el vino dulce, el cual es bendecido de la manera tradicional. En seguida se come la jalá dulce o pastel de miel como un recordatorio del dulce año nuevo que se espera tener. Para la mayoría de los judíos, esto no es mas que una esperanza optimista de que sus pecados han sido expiados. Los creyentes en Yeshúa pueden regocijarse en la seguridad de que el Mesías ciertamente ha pagado el precio que Dios había fijado.

Yom Kipur en el Nuevo Testamento

La fiesta de Yom Kipur, contiene importantes verdades para el creyente en Yeshúa. De hecho, si alguna fiesta bíblica merece un reconocimiento especial de parte de los creyentes, ¡Yom Kipur debería estar a la cabeza de la lista! No es de sorprenderse que haya un gran número de referencias a la importancia de este día en el Nuevo Testamento. En un pasaje muy conocido del libro de los Romanos, el Rabíno Saulo de Tarso explica el significado de nuestra redención en el contexto de Yom Kipur.

> *Pues todos han pecado y están privados de la gloria de Dios, pero por su gracia son justificados gratuitamente mediante la rendención que Cristo Jesús* (Yeshúa Ja-Mashíaj) *efectuó. Dios lo ofreció como un sacrificio de expiación* (kaparah) *que se recibe por la fe en su sangre, para así demostrar su justicia. Anteriormente, en su paciencia, Dios había pasado por algo los pecados;* (sin castigo o remisión) *pero en el tiempo presente ha ofrecido a Jesucristo* (Yeshúa Ja-Mashíaj) *para manifestar su justicia. De este modo Dios es justo y, a la vez, el que justifica a los que tienen fe en Jesús* (Yeshúa). (Romanos 3:23-26)

La palabra traducida como *"kapparah"* (propiciación) es algo malentendía hoy en día, ya que no es de uso común. La palabra griega contiene la idea de apaciguar a un dios griego iracundo. Mientras que hay algo de relación, la palabra equivalente en hebreo es más clara. Kapparah significa mucho más que apaciguar. Tambien significa "redención, o perdón," un término con el que cualquier judío del primer siglo se podía identificar. En la cruz, el Mesías Yeshúa, fue expuesto como nuestro kapparah, nuestro sacrificio, ¡la realización de lo que significa Yom Kipur!

Ya que el mensaje de redención es el tema central del mensaje del Nuevo Testamento, no nos debería sorprender encontrar en sus páginas otras referencias a Yom Kipur. Hacia el final del libro de los Hechos, el rabíno Saulo de Tarso se encuentra en la última fase de su famoso viaje a Roma para apelar a los cargos políticos que había en su contra. Al hablar de la tormenta peligrosa que se había desarrollado, el escritor hace una referencia que declara que había pasado ya Yom Kipur

(Hechos 27:9). Esto corresponde a las condiciones inclementes del clima para navegar, ya que esto hubiera sucedido ya avanzado el otoño de aquel año.

En Lucas 4:16-22, Yeshúa es llamado a leer la Torá en su sinagoga local en Nazaret. Después de leer el poderoso mensaje de Isaías 61, pronunció otro mensaje, sencillo pero impactante. Proclamaba ser el Mesías, el ungido que liberaría a los cautivos.

Algunos de los rabinos clásicos han creido que este pasaje contenía las mismas palabras que el Mesías pronunciaría a Israel cuando viniera (*Lexicon,* Rabino David Kimchi, como se cita en *"A Manual of Christian Evidences For Jewish People,"* (Un manual de evidencias cristianas para judíos) Vol. 2 p.76). El hecho de que este pasaje hable del Mesías como el liberador del pueblo judío, llevó a otros rabinos a especular que el Mesías aparecería en un Yom Kipur muy especial en el Año del Jubileo (ver Levítico 25:10).

El Mundo durará no más de 85 Jubileos, y en el último Jubileo, el Mesías, Hijo de David, vendrá (Sanhedrin 97b).

Otro elemento interesante es que el pasaje de Isaías 61 ya no se lee en el ciclo anual tradicional de lecturas en la sinagoga. Sin embargo es conocido que el servicio del primer siglo se basaba en un ciclo de tres años que se expandía mucho más en las lecturas. Por lo tanto, Isaías 61 tendría que haber sido enlazado a una lectura muy próxima a Isaías 58. ¡Coincidentemente, Isaías 58 es la lectura que se usa hoy en día en las sinagogas para el servicio de Yom Kipur! Tal información ha llevado a algunos estudiosos a concluir no solo que Yeshúa estaba presentando un dramático mensaje acerca de su mesianidad, sino que este evento realmente se estaba llevando a cabo precisamente durante un servicio de Yom Kipur. (Edersheim menciona este punto de vista por Bengel en *Life and Times of Jesus the Messiah* (Vida y Tiempos de Jesús el Mesías), Libro III, pág. 452). Este verdaderamente hubiera sido un tiempo muy apropiado para que Yeshúa hablara públicamente las palabras que el mesías le hablaría a Israel!

El cumplimiento profético

Hemos visto ya como podemos tener un claro entendimiento del tema de Yom Kipur, tan solo a través de su nombre, el Día de la Redención. La redención, fue profetizada tipológicamente a través de los sacrificios y del servicio de esta fiesta. Yom Kipur, en el Nuevo Testamento, toma un significado especial cuando vemos a Yeshúa presentado como Mesías y pagando el precio por el pecado en la cruz. Aún así, al igual que los otros días de fiesta, Yom Kipur no se puede limitar únicamente a una lección histórica. Esta fiesta contiene grandes verdades proféticas para todos los creyentes en Yeshúa.

El profeta Zacarías habló de un día futuro de arrepentimiento, donde en los últimos días, Dios derramaría su espíritu y ellos pondrían sus ojos en el que traspasaron (Zacarías 12:10). Desde el punto de vista profético, esto encaja muy bien en la descripción de Rosh Ha-Shaná, que es un tiempo de arrepentimiento. Lo que sigue en el capítulo 13 es muy relevante. Zacarías dice:

> En aquel día se abrirá una fuente para lavar del pecado y de la impureza a la casa real de David y a los habitantes de Jerusalén. (Zacarías 13:1)

Después de Rosh Ha-Shaná viene Yom Kipur. Después del arrepentimiento, viene la regeneración. Tal es la promesa para todo Israel, cuando experimentará sobrenaturalmente el cumplimiento de Yom Kipur y el regreso del Mesías Yeshúa. Esto corrobora la palabra dada al Rabino Saulo:

> Hermanos, quiero que entiendan este misterio para que no se vuelvan presuntuosos. Parte de Israel se ha endurecido, y así permanecerá hasta que haya entrado la totalidad de los gentiles. De esta manera todo Israel será salvo, como está escrito: "El redentor vendrá de Sión y apartará de Jacob la impiedad. Y éste será mi pacto con ellos cuando perdone sus pecados." (Romanos 11:25-27).

Este es el cumplimiento profético de Yom Kipur, la redención final, realizada y recibida por esa generación de judíos que estén en vida al tiempo de la segunda venida de Yeshúa. Para los creyentes en este Rey que viene pronto, la imagen de Yom Kipur, es algo muy especial. ¡Podemos regocijarnos en la propiciación que ya hemos recibido, mientras oramos que venga pronto a Israel la realización de su bendita esperanza!

Una guía práctica para los creyentes en Yeshúa

Para los creyentes en Yeshúa, tanto judíos como no judíos, el guardar la fiesta de Yom Kipur contiene un significado muy especial. El arrepentimiento iniciado en Rosh Ha-Shaná, llega a su culminación con la redención diez días despues. Al igual que con la comunidad judía tradicional, si meditamos en el significado de los días de fiesta principales, esos diez días (Yomim Nora'im), toman un carácter muy espiritual. Aunque no existen muchas costumbres que se relacionen directamente con estos diez días, el mensaje puede aplicarse a la meditación diaria de cada creyente durante este intermedio. Las lecturas tradicionales del libro de Jonás, Oseas 14 y otros pasajes apropiados, pueden ayudarnos a apreciar mejor el espíritu de la temporada.

Por la tarde del 9 de Tishri, al acercarse la víspera de Yom Kipur, se deben hacer arreglos especiales para recibir el día más santo del año. Ya que Yom Kipur está designado como un shabat, se llevan a cabo las costumbres propias de un shabat. Para la mayoría de las personas, Yom Kipur es día de ayuno, así que la última comida de la tarde se vuelve más vital. La mesa se arregla con lujo de manteles y cubiertos. Durante todos los días de fiesta principales, el blanco tiene un significado muy especial, ya que representa nuestra esperanza por la pureza y el perdón. El vino se bendice con el kidush; la jalá, se bendice igualmente con el motzi. Se sirve una cena suntuosa que puede incluir platillos dulces para representar la dulzura del nuevo año de perdón. A la puesta del sol, inicia el ayuno.

Algunos creyentes cuestionan el ayuno, considerando que ya han sido perdonados en el Mesías. Es verdad, los creyentes no tienen que ayunar para obtener perdón, sin embargo existen beneficios provenientes del ayuno.

Yeshúa mismo habló acerca de las bendiciones del ayuno. Aunque la cuestión de la salvación ya ha sido conciliada a través de la fe en Yeshúa, los creyentes tienen una necesidad constante de regresar a un caminar puro con el padre. Tenemos pecados que confesar y de los cuales arrepentirnos (1 Juan 1:7-9). El ayuno hace que seamos más sensibles al corazón de Dios.

Muchos judíos y gentiles mesiánicos ayunan en Yom Kipur por otra razón. Como es el día del año en el que las sinagogas se encuentran repletas de judíos orando, muchos creyentes encuentran en este día la ocasión ideal para orar por la salvación de Israel (Romanos 10:1).

La tarde de Yom Kipur es un tiempo maravilloso para un culto divino mesiánico. Para aquellos que viven cerca de una congregación judía mesiánica, el asistir a un servicio formal de Yom Kipur, se convierte en un énfasis espiritual. Tanto la música, como la liturgia y el mensaje, todo en conjunto celebra el verdadero mensaje del día: ¡La Redención en Yeshúa Ha-Mashíaj!

Si no le es posible celebrar con un grupo así, no es mala idea planear su propia servicio con amigos y familiares. Usted cuenta con el mejor libro de texto para planear tal celebración, su propia Biblia. Escoja algunas canciones y escrituras que acentúen el tema del perdón en Yeshúa. Todo eso, al combinarlo con el ayuno y la oración, da por resultado el potencial necesesario para un servicio de Yom Kipur con mucha inspiración.

Para el día siguiente, el estómago ya da un fuerte testimonio de que es hora de buscar a Dios en serio. Para aquellos que quieren la experiencia judía completa, pueden continuar con el ayuno, inclusive sin agua, hasta la puesta del sol. El día de Yom Kipur es otra ocasión ideal para asistir a un servicio de adoración con una comunidad de creyentes. El tema es el mismo: el arrepentimiento, y (para los creyentes), el regocijo en el plan de Dios para el perdón.

El resto de la tarde se puede pasar en casa descansando y meditando en la importancia del día. Nuestra congregación tiene la tradición de reunirse para la última hora con luz de día y hacer el servicio Neilá. Esto ha probado ser un tiempo sustancioso de oración, con las lecturas del *sidur* (libro de oración) mesiánico, de las Escrituras y con cantos de alabanza para nuestro redentor. La puesta del sol trae consigo el cierre de Yom Kipur, y es el tiempo de bendecir el vino y la jalá. De esta manera, las primeras cosas que probamos después del ayuno son dulces. Luego tenemos una cena para romper el ayuno, donde los miembros de la congregación cooperan trayendo diferentes platillos. Esto constituye una celebración muy adecuada para cerrar la fiesta.

¡Bendito es el Señor nuestro Dios, quien ha asegurado nuestra salvación en Yeshúa el Mesías! Para aquellos que invocan su nombre, esto es realmente de lo que se trata Yom Kipur.

Manualidades para Yom Kipur

Cubiertas para la cabeza

(ver instrucciones en el capítulo del Shabat)

El libro de la vida del cordero

MATERIALES:

Una cartulina grande

Plumones de colores

INSTRUCCIONES:

Diseñar un rollo tipo pergamino sobre la cartulina de manera que uno de sus dos extremos se vea como que está enrollado. En la parte superior, escribir "El Libro de la Vida del Cordero" y en la parte inferior, escribir Apocalípsis 20:12. Discutir la importancia de tener su nombre escrito en este libro, luego cada niño puede escribir su nombre en la parte de en medio.

Música para Yom Kipur

Avinu Malkeynu

Liturgia   *Tradicional*

A – vi – nu mal key——— nu, ja – ney – nu va – a – ney
nu, A – vi – nu mal–key – nu, ja ney – nu va–a – ney–nu, ki
ein ba – nu ma – ah sim. Ah – sey in – mah
nu, tzeh – da – ka va – je – sed. Ah –
sey im–mah–nu tzeh–da–ka va je – sed, Ve joh – shi – ey – nu.

TRADUCCIÓN:

Nuestro Padre y nuestro Rey
Nuestro Padre y nuestro Rey
Nuestro Padre y Rey
Se misericordioso a nosotros
Se misericordioso hacia nosotros.

Porque no hemos hecho obra alguna
Encomendándonos hacia Ti
Porque no hemos hecho obra alguna encomendándonos
hacia Ti
Se misericordioso, sálvanos, esto oramos.

Melekj Ozair

Liturgia

Adaptado por Stuart Dauermann
Utilizado con permiso

Mel–ej O–za–ir u Mo–shi–a u Ma–gen———— Mel–ej O–za–ir u Mo–

shi–a u Ma–gen Ba – ruj a–tah A–don–nai, Ba–ruj A–tah A–do–nai

Ma–gen A———— vra–ham Ma–gen A———— vra–ham

TRADUCCIÓN:

Rey, Redentor, Salvador y Escudo; Rey, Redentor, Salvador y Escudo.

Bendito eres Tú, O Señor, Bendito eres Tú, O Señor, Escudo de Abraham.

Bendito eres Tú, O Señor, Bendito eres Tú, O Señor, Escudo de Abraham.

Tú eres El Poderoso, por siempre O Señor; Tú eres El Poderoso, por siempre O Señor.

Levantas a los muertos, dormidos en sus tumbas, Eres poderoso por salvar.

Levantas a los muertos, dormidos en sus tumbas, Eres poderoso por salvar.

7

Sukot

La fiesta de los Tabernáculos

Antecedentes históricos

El Señor le ordenó a Moisés que les dijera a los israelitas: "El día quince del mes séptimo comienza la fiesta de las Enramadas en honor al Señor, la cual durará siete días. El primer día se celebrará una fiesta solemne en honor al Señor. Ese día no harán ningún trabajo. Durante siete días le presentarán al Señor ofrendas por fuego. Al día octavo celebrarán una fiesta solemne en honor al Señor y volverán a presentarle ofrendas por fuego. Es una fiesta solemne; ese día no harán ningún trabajo.

Estas son las fiestas que el Señor ha establecido, y a las que ustedes habrán de convocar como fiestas solemnes en su honor, para presentarle ofrendas por fuego, holocaustos, ofrendas de cereal, y sacrificios y ofrendas de libación, tal como está prescrito para cada día. Todas estas fiestas son adicionales a los sábados del Señor y a los tributos y ofrendas votivas o voluntarias que ustedes le presenten.

A partir del día quince del mes séptimo, luego de que hayan recogido los frutos de la tierra, celebrarán durante siete días la fiesta del Señor. El primer día y el octavo serán de descanso especial. El primer día tomarán frutos de los mejores árboles, ramas de palmera, de árboles fondosos y de sauces de los arroyos, y durante siete días se regocijarán en presencia del Señor su Dios. Cada año, durante siete días, celebrarán esta fiesta en honor al Señor. La celebrarán en el mes séptimo. Este será un estatuto perpetuo para las generaciones venideras. Durante siete días vivirán bajo enramadas. Todos los israelitas nativos vivirán bajo enramadas, para que sus descendientes sepan que yo hice vivir así a los israelitas cuando los saqué de Egipto. Yo soy el Señor su Dios." Así anunció Moisés a los israelitas las fiestas establecidas por el Señor. (Levítico 23:33-44).

Tal vez ahora ya esté empezando usted a entender porqué a la temporada de Otoño se le considera como la temporada de los días de fiesta más solemnes para la comunidad judía. En los primeros 19 días del mes bíblico de Tishri (Septiembre-Octubre), se llevan a cabo las tres fiestas más solemnes de todo el año. Estas tres fiestas son: Rosh Ha-Shaná, Yom Kipur y, terminando la temporada, los ocho días de *Sukot* (Tabernáculos, o Enramadas).

Al igual que con las otras fiestas, el nombre de esta, nos habla de su propósito. En escencia, es un propósito doble. El primero se relaciona con la cosecha de Otoño; tal y como se explica en Levítico 23, Sukot tiene que ser el tiempo de traer la cosecha tardía. En otras palabras, es el "Día de Acción de Gracias" judío. En realidad, la creencia popular es que los colonizadores Puritanos, quienes eran grandes estudiosos de las Escrituras hebreas, basaron el primer Día de Acción de Gracias americano sobre Sukot.

El segundo significado de esta fiesta se encuentra en el mandamiento de habitar en enramadas, como recordatorio de la experiencia del pueblo de Israel en el desierto. Para expandir el tema de este evento histórico específico, podríamos sumarizar el significado de Sukot con una sola palabra "habitación." Sabemos por la Torá, que Dios habitó con su pueblo durante sus 40 años de viaje de campamento en el desierto. Asimismo, cuando acampamos en cabañas en el presente, deberíamos de recordar que Dios sigue siendo fiel y que cuida de nuestras vidas.

Entendiendo esos dos temas, tan significativos, vemos que hay muy buena razón para que a Sukot también se le conozca como *Zman Simkjatenu* (El Tiempo de Nuestro Regocijo). ¡El hecho de que Dios haya proveído para nosotros y haya hecho su habitación con nosotros, es definitivamente algo que celebrar!

[anotación manuscrita: Porque en Yom Teruah Khuit Nos perdono]

Celebración judía tradicional

La Toráh estipula que el día quince del mes judío de Tishri es el tiempo cuando el pueblo judío debe empezar a habitar en la *suká* (forma singular de "cabaña"), y celebrar la provisión de Dios. Este día de fiesta trae tanto gozo, que los judíos tradicionales ni siquiera esperan a que llegue el quince de Tishri para construir sus *sukot* (forma plural de "cabaña"). Muchos inician la construcción cinco días antes, inmediatamente después del cierre de Yom Kipur.

La construcción de la suká, puede ser una experiencia desafiadora y divertida para toda la familia. La Biblia nos da un mandamiento un poco vago acerca de cómo construir la suká; pero los rabinos le han agregado gran detalle. Escencialmente, se trata de una choza temporal en la que debemos de vivir, en lugar de nuestra casa permanente. De los judíos se espera que por lo menos tengan algunas comidas ahí dentro, como símbolo de que han habitado en la suká. Ya que la suká es una estructura temporal, aparece ser frágil, pero se debe construir afuera y debe tener por lo menos tres paredes, las cuales pueden hacerse de cualquier material (madera, ladrillos, o lona). Si la cabaña se construye al lado de la casa, se puede usar una o más de las paredes de la casa como parte de la suká.

La parte más importante de la construcción de la suká es el techo. La cubierta para el techo (llamada *sejaj*) puede hacerse con cualquier cosa que crezca de la tierra, como por ejemplo, ramas, vigas de madera o arbustos. Ya que existe una abundancia de ramas de palma en el Medio Oriente, es comprensible por que este folia-je ha tomado un papel central en la celebración de Sukot.

Para enfatizar el estatus temporal de la suká, el techo se arregla de tal manera que, en una noche despejada, se puedan ver las estrellas. Ya que la construcción básica de la suká ha sido terminada, los niños pueden contribuir su parte con decora-ciones que consisten de sus obras de arte frutas colgadas en un cordón, o cualquier otra idea creativa que tengan. La suká debe poder acomodar por lo menos una persona, pero es preferible que sea, lo suficientemente grande para colocar una mesa y sillas para poder comer ahí. Si el clima es lo suficientemente templado, se puede pasar la noche en la choza.

Una vez que la suká esté terminada y el día de fiesta ha ll-egado, hay otras costumbres que se incorporan a la cele-bración. Al igual que la mayoría de las otras fiestas judías, la celebración inicia al atardecer de la primera noche, con una cena festiva. La mesa se prepara con los dos candelabros tradi-cionales y la mejor vajilla. A veces se hacen exepciones en Sukot, ya que muchos judíos consumen sus alimentos dentro de sus sukot. En tales casos, los arreglos más primitivos también sirven como recordatorio del campamento en el desierto del Sinaí. De cualquier manera, se canta el kidush sobre el vino dulce; se bendice la jalá trenzada y se comparte en la mesa.

Cada noche de los ocho días que dura el festival, también se hacen bendiciones especiales sobre el *lulav* (rama de palma) y el *etrog* (citrón o cidro, una fruta de Israel, más dulce y grande que el limón y con una gruesa cáscara amarilla). Estos dos artículos, junto con el hadás (mirto) y *arava* (sauce), forman lo que se llama "Las Cuatro Especies." Se hace un racimo con ellas para que puedan sostenerse en la mano para agitar hacia cada dirección simbolizan-do la cosecha y la omnipresencia de Dios sobre este mundo.

Aunque parece haber una clara conexión entre las Cuatro Especies y el tema de Sukot que es la cosecha, los rabínos también han encontrado aplicaciones espirituales para estos símbolos.

Se enseña que cada una de las especies representa un diferente tipo de persona. El etrog, que es dulce y tiene un delicioso aroma, representa una persona que tiene conocimiento de la Torá y buenas obras. El lulav, que viene de una palmera de dátiles, tiene un fruto dulce, pero no tiene fragancia, así mismo, algunas personas tienen conocimiento, pero no tienen buenas obras. El hadas es todo lo opuesto, tiene una fragancia agradable, pero no sabe a nada (las buenas obras sin el conocimiento verdadero). Y el arava, ya que no posee ni sabor ni aroma, representa la persona que no tiene ni conocimiento ni obras. Tal vez esto pueda servir como un recuerdo de que la fe por sí sola, si no tiene obras, esta muerta (Santiago 2:17).

La forma tradicional de guardar Sukot se centra en la construcción de la suká y la bendición de la palma con el etrog. Debe hacerse notar, que al igual que las demás fiestas, la sinagoga juega un papel vital en la celebración. Muchas sinagogas construyen una suká comunitaria para permitir a todos los adoradores experimentar el símbolo más grande de Sukot. Los servicios de la fiesta se llevan a cabo en el primer día y en el octavo día, tal y como está estipulado en la Torá. Ya que la fiesta de los Tabernáculos es un tiempo de gozo, hay varias procesiones en las que los feligreces marchan alrededor de los pasillos, meciendo las palmas y cantando el Salmo 118: ¡*Ana Adonai Hoshiana!* (¡Sálvanos Señor!).

De tal manera, con acción de gracias, la comunidad judía busca recordar el tema de esta fiesta: Dios habita con su pueblo.

Sukot en el Nuevo Testamento

Ya que Sukot tiene tantas lecciones espirituales ricas asociadas con la fiesta, es de esperarse que encontremos algunas referencias importantes al respecto en el Nuevo Testamento. Apenas adentrandose en los relatos de la vida de Yeshúa en los evangelios, encontramos la primera referencia poderosa al respecto de los Tabernáculos. El apóstol Juan establece la relación de los particulares antecedentes de Yeshúa, y declara abiertamente la naturaleza divina de Yeshúa. La Palabra no solo estaba con Dios en el principio, ¡sino que esta Palabra es la misma manifestación de Dios mismo (Juan 1:1)! Esta Palabra, o Verbo, como lo llama Juan, fue manifestado al mundo en una manera muy práctica y tangible:

> *Y el Verbo se hizo hombre y habitó entre nosotros. Y hemos contemplado su gloria* (shekjiná)*, la gloria* (shekjiná) *que corresponde al Hijo unigénito del Padre, lleno de gracia y de verdad.* (Juan 1:14)

Yeshúa de Nazaret es mucho más que un buen rabíno o un filósofo intrigante. De acuerdo a la Biblia, ¡Él es la manifestación visible del Dios de la creación! Sin embargo, ¿notó usted la metáfora que usa Juan para describir esta encarnación del Mesías? El verbo "habitó" entre su pueblo. La palabra griega aquí *skene* es una palabra con un significado rico que se deriva de la palabra "tabernáculo." En otras palabras, al buscar Juan la manera de describir la primera venida del Mesías a su pueblo, la imagen más obvia era la fiesta de Sukot. ¡La fiesta en la que se celebra el hecho de habitar con Dios!

Existe, por supuesto, algo de controversia en lo que respecta a la verdadera fecha del nacimiento de Yeshúa en Belén. Muchos creyentes afirman, que ya que no hay ninguna declaración definitiva al respecto, no se puede tener certeza al fijar una fecha. Desde el siglo cuarto después de Yeshúa, la Iglesia Occidental ha adoptado el 25 de diciembre como la fecha oficial para reconocer la encarnación del Mesías. Sin embargo, la mayor parte de los historiadores admiten que esto fue más bien una concesión hacia los paganos del Imperio Romano, que hacia las Sagradas Escrituras. Como a menudo se da el caso, la Iglesia primitiva "cristianizó" los días de fiesta paganos ya existentes, para facilitarles la adaptación a tantos conversos nuevos.

El 25 de diciembre es un caso clásico. Se trataba de una fiesta antigua para celebrar el regreso del sol después del solsticio de invierno. No tenía nada que ver con el nacimiento de Yesúa, pero de todos modos se adoptó. A los creyentes de tiempos posteriores les pareció que no existía evidencia real indicando una mejor fecha.

Desafortunadamente, mucha gente pasa por alto la evidencia tan importante que provee Sukot. Cuando el apóstol Juan describe el nacimiento del Mesías, lo pinta en términos de Tabernáculos. La sencillez de esta lógica es algo asombrosa.

Un punto principal de este libro es mostrar el plan de Dios para la salvación, ilustrado a través de los días de fiesta que él le ha revelado a Israel. Existen eventos cruciales en referencia al plan de Dios, que se cumplen consistentemente en estos días especiales. No es de sorprenderse, que encontremos al Mesías muriendo en la cruz como nuestro cordero Pascual en el mismo día de la Pascua. El derramamiento de las primicias del Santo Espíritu de Dios, igualmente se lleva a cabo en el día de fiesta apropiado, Shavuot. ¿Por qué entonces, un evento tan importante como el nacimiento del Mesías iba a quedar sin ser anunciado por una de estas fiestas bíblicas? De todas las fiestas del Señor, es Sukot la que viene a ilustrar el hecho de que Dios habitaría en medio de su pueblo a través de la presencia del Mesías. Puede que él haya cumplido su promesa, literalmente en el mismo día de los Tabernáculos.

Muchas otras evidencias que teólogos cristianos han señalado, corroboran el hecho de que el nacimiento de Yeshúa haya sucedido durante Sukot. Algunos inclusive han hecho notar que los cálculos cronológicos en los evangelios nos llevan a colocar el nacimiento del Mesías a finales del otoño. La mayoría están de acuerdo en que el ministerio terrenal de Yeshúa duró tres años y medio. Ya que sabemos que murió durante la Pascua (marzo/abril), dando pasos atrás, nos acercamos mucho más a Sukot (septiembre/octubre), al 25 de diciembre (A.T. Robertson, *A Harmony of the Gospels* (Una Armonía de los Evangelios), pág. 267).

Otros estudiosos han señalado el hecho de la inconsistencia respecto a los pastores cuidando rebaños en el campo en pleno invierno, con tanto frío. La *Mishná* (comentario rabínico), dice que en las proximidades de Belén, debido al clima de invierno, normalmente se llevaban los rebaños a un corral protector llamado un *"redil"*, desde noviembre hasta febrero. Por lo tanto, la fecha decembrina parece poco pobrable. ("Lucas" *Adam Clark's Commentary* (Comentario de Adam Clark), vol. 5, pág. 370).

Una pista final respecto a los detalles del nacimiento del Mesías tiene que ver con la multitud exepcional que buscaba alojamiento, con el resultado de que "no había lugar para ellos en la posada" (Lucas 2:7). Mientras que pudo haber sido cierto que mucha de esta congestión de tráfico estuviera relacionada con el censo tomado por los romanos en aquel tiempo, parece haber mucho más al respecto.

Los Romanos eran bien conocidos por llevar a cabo censos de acuerdo a la costumbre prevalente de los territorios ocupados. Por lo tanto, en el caso de Israel, ellos optarían por hacer que el pueblo se reportara a sus provincias natales en el tiempo que fuera conveniente para ellos. No hay una lógica aparente en hacer un censo a mediados del invierno. El tiempo más lógico para recaudación de impuestos hubiera sido después de la cosecha, en el otoño. Si esto coincidiera con una de las fiestas judías solemnes, como lo son Pascua, el Pentecostés, o los Tabernáculos, era de esperarse que toda el área de Jerusalén y Belén fuera a estar repleta de peregrinos.

Es más que probable que el relato de la natividad de los Evangelios haya sucedido durante una de las fiestas judías solemnes y no en diciembre. El único día de fiesta solemne que cae en el otoño es Sukot. Parece ser que existe en verdad una fiesta que apunta al nacimiento del Mesías. ¡El Mesías ha "habitado" entre su pueblo, tal como se simboliza perfectamente en sukot!

Aparte de la conexión con la encarnación del Mesías, esta fiesta conlleva otras lecciones espirituales. Ya que Sukot también estaba destinado a ser el festival de la cosecha a finales de el otoño, se acostumbraba agradecer a Dios por los frutos del año. Es muy significativo ver que en este tiempo las oraciones se cantaban para dar gracias a Dios, en fe, por las lluvias que habrían de venir el invierno, las cuales eran escenciales para restaurar la tierra.

El Talmud nos cuenta acerca de una costumbre que se desarrolló en los tiempos del segundo Templo, creada para ilustrar esa verdad. En aquel tiempo, durante Sukot, un sacerdote tomaba una jarra de agua y la llevaba hasta el Estanque de *Shiloaj* (Siloé), la llenaba de agua y la llevaba de regreso al Templo.

Multitudes formaban una enorme procesión detrás del sacerdote, danzando, cantando salmos de Halel, o de Alabanza (113-118) mientras llegaban al monte del Templo. Para cada uno de los primeros seis días de Sukot, la procesión formába un círculo alrededor del altar del Templo una vez, mas en el séptimo día (Hoshana Rabá) se hacía siete veces, para magnificar el gozo.

La mejor parte de la ceremonia venía cuando el sacerdote dramáticamente derramaba el agua en el altar del Templo. La respuesta de las multitudes era tan inmensa, que el Talmud dice que cualquiera que no haya estado en Jerusalén para asistir a esta ceremonia, ¡no sabe lo que es experimentar verdadero gozo (Suká 5)! Por lo tanto, esto vino a conocerse como *Simjá Bet Ha-sho-evá* (El Regocijo de la Casa de Donde se Saca el Agua).

¿Por qué tanto regocijo a raíz de esta ceremonia de derramamiento de agua? Obviamente, tenía que ser mucho más que el gozo de la esperanza de Israel por las lluvias del invierno, aunque no dejan de tener su debida importancia. Los rabínos talmúdicos hablan de verdades más profundas de Isaías 12:3 en lo que se refiere a esta ceremonia:

> Con alegría sacarán ustedes agua de las fuentes de la salvación. (Salvación en Hebreo es *yeshúa*, el nombre del Mesías).

Más que el derramamiento de agua temporal en Israel, el Simjá Bet Ha-sho-evá servía para ilustrar proféticamente los días de la redención mesiánica, cuando el agua del Espíritu Santo sería derramada sobre todo Israel (Sukot 55). Dios edificará por fin su lugar de habitación con su pueblo, cuando el reino sea establecido bajo el reinado del Mesías. ¡Qué gozo les debío haber traído este pensamiento a los corazones del pueblo!

Con tal marco histórico, podemos mejor apreciar los eventos que están escritos en una celebración en particular de la que se habla en el Nuevo Testamento.

> *En el último día, el más solemne de la fiesta, Jesús (Yeshúa) se puso de pie y exclamó: ¡Si alguno tiene sed, que venga a mí y beba! De aquel que cree en mí, como dice la Escritura, brotarán ríos de agua viva. Con esto se refería al Espíritu que habrían de recibir más tarde los que creyeran en él. Hasta ese momento el Espíritu no había sido dado, porque Jesús (Yeshúa) no había sido glorificado todavía. (Juan 7:37-39)*

¡Imagínese usted las circunstancias! En plena celebración de Sukot, el gozo de los primeros seis días era exhuberante. En el gran día final (Hoshana Rabá), las multitudes estaban desbordándose de la emoción ante la expectativa por el Mesías y por el Espíritu Santo que él traería. Justo a la hora de la ceremonia de sacar el agua, Yeshúa hace una atrevida proclamación: ¿Realmente quieren las aguas vivas del Espíritu? ¿Entiende alguien el verdadero significado de esta ceremonia? Si alguien en verdad desea lo que simboliza Bet Ha-sho-evá, que crea en mí. ¡Yo soy el Mesías quien derramará el Espíritu Santo sobre Israel!

Estas eran afirmaciones sumamente radicales; y en aquella ocasión, crearon bastante conmoción en el Templo:

> *Al oír sus palabras, algunos de entre la multitud decían: "Verdaderamente éste es el profeta" Otros afirmaban: "¡Es el Cristo (Mesías)!" Pero otros objetaban: "¿Cómo puede el Cristo (Mesías) venir de Galilea?" (Juan 7:40-41)*

El hecho de que Yeshúa de Nazaret afirmaba ser el Mesías prometido de las Escrituras judías, debería estar fuera de debate. Sin embargo, hasta este día, la controversia acerca de la respuesta del pueblo todavía es manifiesta. Cuando se entiende de la manera apropiada, la fiesta de Sukot debería de llevarnos a creer, así como muchos creyeron entre aquella multitud del primer siglo. Yeshúa es quien él afirmó ser: ¡Dios habitando en nosotros! ¡Qué gozo tan tremendo experimentar las aguas vivas de Su Espíritu Santo, tal y como se puede apreciar en la fiesta de Sukot!

El cumplimiento profético

Como hemos podido observar, existen muchas lecciones impactantes que aprender de Sukot. La provisión de Dios, el hecho de que él habite con su pueblo, el gozo del Espíritu Santo, son todos temas que dirigen la atención al plan detallado en las Escrituras. Aún así, existe todavía un elemento futuro que queda pendiente de ser cumplido por la Fiesta de los Tabernáculos. El apóstol Juan nos dice en su visión de los eventos finales, que la realidad de Sukot será obvia para todos:

> Después vi un cielo nuevo y una tierra nueva, porque el primer cielo y la primera tierra habían dejado de existir, lo mismo que el mar. Vi además la ciudad santa, la nueva Jerusalén, que bajaba del cielo procedente de Dios, preparada como una novia hermosamente vestida para su prometido. Oí una potente voz que provenía del trono y decía: "¡Aquí, entre los seres humanos, está la morada (Shekjiná) de Dios! Él acampará en medio de ellos, y ellos serán su pueblo; Dios mismo estará con ellos y será su Dios." (Apocalípsis 21:1-3).

Sukot siempre se ha conocido, como la fiesta en la que se conmemora el hecho de que Dios habite con su pueblo. Cuan apropiado para el Reino de Dios, cuando venga en su plenitud a la tierra redimida, que sea considerado el cumplimiento final de esta fiesta. Dios mismo finalmente habitará con su pueblo en toda su plenitud. ¡La suká de Dios estará entre los hombres cuando el Mesías Yeshúa habite como Rey en los mil años del Reino Mesiánico!

Todas las fiestas del Señor tienen sus lecciones particulares que enseñar. Sin embargo, debido a su cumplimiento profético en los últimos días, Sukot parece ser la cúspide de todos los otros tiempos establecidos por Dios. Después de todo, la meta del plan de Dios es el establecer su Reino en la tierra. Esto explica mucho mejor por que, de todas las fiestas bíblicas, Sukot se dice ser la celebración premier del Milenio. Como lo predijo Zacarías:

> Entonces los sobrevivientes de todas las naciones que atacaron a Jerusalén subirán año tras año para adorar al Rey, al SEÑOR Todopoderoso, y para celebrar la fiesta de las Enramadas. Si alguno de los pueblos de la tierra no sube a Jerusalén para adorar al Rey, al SEÑOR Todopoderoso, tampoco recibirá lluvia. (Zacarías 14:16-17).

Vale la pena acentuar el hecho de que el juicio por no celebrar Sukot en el Reino Mesiánico será el reprimir la lluvia. Ya que Sukot celebra la cosecha del otoño, es tradicional en la comunidad judía comenzar a orar por las lluvias del invierno, escenciales para el año venidero. Cuando Yeshúa regrese a establecer el Reino tan esperado, todos los que han sido redimidos por su sacrificio celebrarán Sukot alegremente y en toda su plenitud.

¡Qué maravillosa celebración será aquella cuando todo su pueblo, tanto los judíos como los gentiles, mesan el lulav y canten, ¡*Ana Adonai Hoshiana!* (¡Señor, sálvanos!), Amén. Ven, Señor Yeshúa!

Una guía práctica para los creyentes en Yeshúa

El elemento central para la celebración de la Fiesta de los Tabernáculos es la enramada que llamamos suká. Puede que usted quiera usar la descripción rabínica como guía (ver la explicación anterior), pero no debe olvidar la libertad que tenemos de construir la cabaña como cada quien considere correcto. Al igual que todas las fiestas y costumbres bíblicas, la suká es una "sombra" de lecciones mucho más grandes acerca del Mesías venidero (Colosenses 2:17).

La construcción de la suká, puede ser un proyecto familiar educativo, entretenido, y ameno para todos. Ya sea que se trate de una choza pegada a la casa, o una estructura independiente, debe llevarse a cabo por cualquier persona dispuesta a ayudar. La estructura exterior puede armarse con varios materiales, que a su vez pueden ser fortificados con hojas, ramas o las palmas tradicionales. Por esta razón, ¡Sukot es también una magnífica excusa para podar las plantas de su jardín! Los niños disfrutarán mucho decorar la suká con frutas, hojas o versículos de la Biblia recordatos.

Se mencionó anteriormente, los judíos tradicionales empiezan a construir su suká inmediatamente después de romper el ayuno de Yom Kipur. Muchos judíos y gentiles mesiánicos por igual, siguen esta costumbre invitando gente a su casa para una "Fiesta de Decoración de la Suká", que sirve a su vez para empezar a planear los eventos de la celebración que se aproxima.

Al llegar el 15 de Tishri, se prepara una cena festiva. El arreglo de la mesa probablemente sea uno algo informal, ya que la cena se sirve en la suká. Y como todo es un recordatorio de los cuarenta años de campamento en el desierto, todo el evento toma más bien el tono de un día de campo, o picnic al aire libre, en lugar de una comida formal.

Al igual que todos los días de fiesta judíos, se inicia con las bendiciones sobre el fruto de la vid y la jalá (ver la apéndice). El primer día de la fiesta, también se recibe con la bendición *Shehejiyanu* para dar gracias a Dios por traernos un año más a esta celebración gozosa. Hay unas bendiciones en particular que se cantan este día sobre la suká, así como sobre las Cuatro Especies. Después de la bendición por el vino y la jalá, se puede recitar lo siguiente:

Barukj atah Adonai Elojenu melekj ja-olam,
asher kidshanu be-mitzvotav ve-tzi-vanu lesheb ve-suká.

Bendito eres Tú, oh SEÑOR nuestro Dios, Rey del universo,
que nos has santificado con tus mandamientos
y nos ha mandado habitar en la Sukah.

Estas bendiciones normalmente se pronuncian solo en la primera noche de la fiesta, cuando se bendicen el vino y la jalá.

La bendición de las Cuatro Especies es diferente y se
hace cada noche de Sukot. (Las Cuatro Especies, vienen "casher desde Israel," e incluyen el lulav y el etrog. Pueden orde-
narse por anticipado en cualquier sinagoga o tienda de regalos
judía. Si no hay disponibilidad de estos artículos, usted puede
ensamblar su propia versión simbólica, usando una rama de palma, un limón amarillo, etc.). Aquí es cuando la lulav (palma) y
el etrog (citrón o cidro) se levantan en alto, la primera en la
mano derecha y el segundo en la izquierda. Sosteniéndo las dos
juntas, se recita lo siguiente:

Barukj atah Adonai Elojenu melekj ja-olam,
asher kidshanu be-mitzvotav ve-tzi-vanu al ne-tilat lulav.

Bendito eres Tú, oh SEÑOR nuestro Dios, Rey del universo,
que nos has santificado con tus mandamientos
y nos has mandado levantar la lulav.

En seguida se sirve la cena tradicional, que puede incluir
algo los frutos de la cosecha de la temporada. Dependiendo de
la disponibilidad que haya en el área donde vive, es posible
que las congregaciones mesiánicas locales tengan un servicio
esa noche para celebrar el gozo encontrado en el mensaje de
Sukot.

Existe un énfasis especial en las *hakafot* (procesiones), en
las que los feligreses marchan alrededor del santuario, meciendo su lulav y cantando los Salmos de Halel, o de Alabanza
(113-118).

Durante los ocho días del festival, se lleva a cabo la cena observando los elementos principales ya mencionados. Pero los servicios de la sinagoga solo son los dos primeros días. Para realmente entrar en el espíritu de Sukot, y si el clima es apropiado, se recomienda que toda la familia pase la noche en la suká, bajo las estrellas.

Como se mencionó anteriormente, el séptimo día de la fiesta tiene mucho significado espiritual para los creyentes en Yeshúa (ver Juan 7:37 y los versículos que le siguen). Sin embargo, el octavo día nos trae otro día festivo que es muy especial, *Shmeni Atzeret* (literalmente, el octavo día de la Asamblea). Como se menciona en Levítico 23:36, este día se debe de apartar como un Shabat y día de Asamblea Sagrada.

La mayoría de las sinagogas más tradicionales y las congregaciones mesiánicas llevan a cabo servicios especiales para recordar este día. Tanto judíos como gentiles mesiánicos continuamente buscan encontrar lecciones espirituales más profundas acerca de los tiempos establecidos por Dios. ¿Por qué mandaría Dios una conmemoración especial en el octavo día de Sukot? Ademas de ser el cierre del festival, puede que haya una conexión especial con la vida del Mesías. Si nuestra teoría acerca de que el Mesías hubiera nacido en el primer día de Sukot es correcta, ¿qué hubiera tenido que suceder ocho días después de nacido? ¡Cualquier buen padre judío les podría decir! En ese día, todos los bebés judíos varones toman la señal del Pacto Abrahámico, a través de la circuncisión (Génesis 17). Igualmente así con Yeshúa.

> *Cuando se cumplieron los ocho días y fueron a circuncidarlo, lo llamaron Jesús (Yeshúa), nombre que el ángel le había puesto antes de que fuera concebido.*
> (Lucas 2:21).

Los creyentes en el Mesías tienen muy buenos motivos para recordar Shmeni Atzeret. Verdaderamente Yeshúa "se hizo servidor de los judíos para demostrar la fidelidad de Dios, a fin de confirmar las promesas hechas a los patriarcas" (Romanos 15:8).

Como si todos estos días de fiesta no fueran suficientes, la comunidad judía ha agregado un noveno día adicional a Sukot llamado *Simjat Torá* (Gozo en la Ley). Como su nombre lo implica, este día celebra la revelación de Dios simbolizada en el rollo de la Toráh. Es un tiempo de gozo tremendo, con danza y música alegre.

Una parte central del servicio es la lectura de los últimos capítulos de Deuteronomio, para luego volver a iniciar el ciclo de lectura, que comienza de nuevo con los primeros capítulos de Génesis. Aunque este día de fiesta fue creado en la Edad Media por el judaísmo rabínico, los creyentes en Yeshúa pueden ciertamente afirmar la idea detrás de la fiesta: La Palabra de Dios es buena, y debe ser reverada. Inclusive, ¡debe ser celebrada gozosamente! ¡Cuanto más todavía para los creyentes en Yeshúa Ha-Mashíaj, él la Palabra que se hizo carne en este tiempo del año!

Con el cierre de Simjat Torá, llegamos al final de la temporada de los Días Solemnes. ¡Qué verdades maravillosas son evidentes! Cual completa es la imagen que Dios nos muestra acerca de su plan para los días postreros. Algún día, muy pronto, el shofar sonará para anunciar la reunión de los creyentes. A lo cual le seguirá el solemne Día de la Redención, cuando Yeshúa regrese por segunda vez a la tierra. ¡Esto a su vez, llevará a todos los creyentes a la gozosa celebración del Reino de Dios en Sukot! Espero que todos estemos listos para habitar en aquel tabernáculo santo de nuestro Padre Celestial.

Recetas para Sukot

ENSALADA DE FRUTAS

INGREDIENTES:

Frutas maduras, como melones, plátanos, piña, duraznos, nectarinas y uvas.

INSTRUCCIONES:

Cortar los melones o usar instrumento para sacaren forma de bolitas. Añadir las demás frutas. Pueden servirse como plato adicional o postre, agregando coco rallado o nata montada, si lo desea. Puede servirse como una comida ligera con requesón. Si gusta puede rocear nueces picadas.

ALBÓNDIGAS AGRIDULCES ENVUELTAS EN HOJAS DE COL

INGREDIENTES:

1½ lbs. (750 gms.) de carne molida

1 col o repollo grande

15 o 16 onzas (450-500 gms.) de salsa de tomate

¼ de taza de azúcar morena

¼ de taza de jugo de limón

Arroz silvestre

INSTRUCCIONES:

Corte profundamente un círculo en la base de la col para sacarle el corazón. Pónga la col en una olla grande con agua a hervir de 3 a 5 minutos, o hasta que las hojas se puedan desprender sin romperse. Tenga cuidado de no coserlas más tiempo del necesario. En un recipiente, mezcle la carne con tres cuartos de la salsa de tomate y agregue arroz al gusto. Forme 12 albóndigas. Ponga una en el centro de cada hoja de col, y envuelva la carne con la col. En un sartén o cacerola grande, coloque las bolas de carne y col, con la parte donde se une la col para abajo. En un recipiente pequeño mezcle lo que sobró de la salsa de tomate, el azúcar, y el jugo de limón, viértalo sobre los rollos de carne. Tape la cacerola y déjelos coser de 45 minutos a una hora a fuego lento. Mueva las bolitas que están al fondo de la cacerola de vez en cuando, para que no se peguen.

Manualidades para Sukot

Móvil o decoraciones para la Suká

MATERIALES:

> cartulina gruesa
> plumones de colores, crayolas y lápices para colorear
> tijeras
> cinta adhesiva
> cordón

INSTRUCCIONES:

Dibujar frutas o verduras en la cartulina. Recortarlas. Para los niños más pequeños, se pueden preparar los diseños por adelantado y recortarlos para dejar que ellos los coloreen. Si tienen una suká, pueden colocar las decoraciones con cinta adhesiva, o colgarlas de un cordón. Si no tienen una suká, pueden colgarlas como móvil, usando un gancho de alambre para ropa o un palito de madera.

Lulav

MATERIALES:

> cartulina gruesa color verde
> tijeras
> cinta adhesiva
> tubos de toallas de papel

INSTRUCCIONES:

Enrolle la cartulina alrededor del tubo varias veces, con una cantidad grande que sobresalga en la parte de arriba. Haga cortes en la parte de arriba para formar hojas largas.

Mini Suká

MATERIALES:

Cajas de zapatos vacías
Tijeras
Cinta adhesiva
Palitos de paleta

INSTRUCCIONES:

Decore la parte interior de una caja de zapatos para crear una pequeña suká. Los niños más grandes que no tienen prisa, pueden armar una suká con pegamento y palitos de paleta. Los niños pequeños usen una pequeña casa de muñecas como la de Fisher Price, la cual funciona muy bien para este propósito.

8

 # Hanukah

La fiesta de la Dedicación

Antecedentes históricos

Hanuká, o "La fiesta de la Dedicación," sobresale de entre las otras celebraciones de la Biblia. Esto se debe a que no se encuentra entre las fiestas del Señor en Levítico 23. Pero a pesar de que Moisés no habla de Hanuká, no deberíamos de asumir que no es una fiesta bíblica. Ya que como podremos ver más adelante, sí se menciona en pasajes posteriores de las Escrituras.

Para poder entender completamente esta fiesta, hay que regresar a un tiempo tumultuoso de la historia de Israel: El período helenístico, alrededor del año 167 antes de la era comun. Como solía suceder, el pueblo judío se encontraba bajo la opresión de una potencia extranjera. Unas cuantas generaciones antes, los griegos habían tomado control del mundo bajo el liderazgo extraordinario de Alejandro el Magno. Al levantar su imperio, Alejandro parecía haber unificado al mundo antiguo en un gobierno y una cultura comunes llamado el helenismo.

Después de la muerte inoportuna de Alejandro, hubo una agitación política entre sus cuatro generales, la cual dió como resultado la división del imperio helenístico. Los ptolomeos tomaron control de Sur, que incluía a Egipto. Los seléucidas se hicieron cargo del área del norte alrededor de Siria. Esto dejó a Judea atrapada entre una lucha de estira y afloja sin tener claro cuál sería el resultado. Eventualmente, los seléucidas/asirios, bajo el liderazgo de Antíoco IV, se impusieron y se dieron a la tarea de obtener control de las nuevas provincias.

Tratando de unificar sus posesiones, Antíoco implantó una política de asimilación de la cultura helenística prevalente. Sin respetar la cultura o las creencias de los pueblos capturados, los seléucidas exigían sumisión al estilo de vida griego. Los griegos pensaban que para que la asimilación fuera realmente efectiva, esta asmiliación debería aplicarse a todos los aspectos de la vida, incluyendo el idioma, las artes, e inclusive la religión. Todo tenía que ser conformado al estilo de vida y a los valores griegos "superiors".

No es de sorprenderse que esta política de helenización no representara gran problema para muchos de los pueblos bajo el dominio de los seléucidas. Verdaderamente, los griegos eran sumamente respetados por su cultura. Inclusive muchos judíos en Judea se convirtieron al estilo de vida helenístico, y abogaban abiertamente por la adherencia a él. Sin embargo, había un número bastante significativo de judíos tradicionales quienes se encontraban aterrados ante los cambios en su sociedad. La hostilidad de Antíoco y de los seléucidas continuo a crecer hacia estos judíos tercos que no se convirtieron al helenismo. Por lo tanto, procedieron a tomar medidas drásticas para implementar esta política.

Se les dió un últimatum: La comunidad judía tenía que dejar sus costumbres distintivas (el Shabat, las leyes casher, la curcuncisión, etc.) o tenían que morir. Para demostrar intenciones, Antíoco entró con sus tropas a Jerusalén y deshonró el Templo Sagrado. Todo desde los altares a los utensilios, e inclusive hasta la menora fue profanado o destruido. ¡Pero aquello era solo el principio!

¡Antíoco también ordenó que se sacrificara un cerdo en el altar santo y colocó una imagen del dios griego Zeus, como el nuevo foco de adoración en el Templo! Aparte de todo eso, Antíoco se empeñó en que todos le llamaran "Epífanes" (Dios manifiesto). Aquello era suficiente para causar repulsión en cualquier judío religioso. La comunidad judía rápidamente encontró la manera de manifestar sus sentimientos al respecto. En lugar de llamarlo Antíoco Epífanes, hicieron un juego de palabras y le llamaron "epímanes" (loco).

Este ataque brutal al pueblo judío y su fe, no iba a quedarse sin respuesta por mucho tiempo. Los rumores de una rebelión se escuchaban por todo Judea y acabaron cristalizándose en una pequeña aldea llamada Modi'in. Las tropas sirias entraron en esta aldea para implementar su política de asimilación. Los soldados habían planeado edificar un altar temporal a sus dioses falsos, y forzar a la población a participar en una ceremonia religiosa, ¡cuyo climax era comer carne de cerdo!

En esta aldea vivía un sacerdote anciano y devoto con sus cinco hijos. Su nombre era Matatías y cuando los soldados seléucidas lo escogieron para dirigir la ceremonia pagana, Matatías y sus hijos reaccionaron con indignación santa. ¡Suficiente! Mataron a los soldados, e iniciaron una rebelión en contra de los opresores. Uno de los hijos, Judá, surgió como líder y le apodaron "Macabeo" (el martillo).

Como el ejército enemigo era abrumadoramente más numeroso y con mejores recursos que el ejército de los Macabeos, estos tuvieron que recurrir a estrategias creativas. Apoyándose en sus conocimientos del terreno y empleando técnicas de guerrilla, las fuerzas judías obtuvieron un éxito sorprendente. Animados por su fuerte convicción de que el Dios de Israel era verdadero y fiel, los Macabeos mostraron que podía lograrse lo imposible. En el mes hebreo de Kislev (alrededor de diciembre) sacaron a los asirios y retomaron el Templo en Jerusalén.

Ahora tenían por delante la seria tarea de restaurar la adoración verdadera de Dios en el Templo. El recinto del templo se encontraba arruinado, por la profanación de la idolatría Siria. Los Macabeos y sus seguidores, rápidamente limpiaron los altares y restauraron los artículos y utensilios sagrados.

La menorá rota tenía importancia particular para ellos, ya que simbolizaba la luz de Dios. La restauraron e intentaron encenderla, pero enfrentaban un problema. La tradición judía cuenta que al buscar el aceite, solo encontraron lo suficiente para un día. El aceite requería una preparación especial, y los sacerdotes necesitaban por lo menos ocho días para poder producir aceite nuevo. ¿Qué podían hacer?

Decidieron que era mejor encender la menorá a pesar de las circunstancias. Por lo menos la luz de Dios brillaría de inmediato. ¡Cuál fue su asombro al ver que el aceite no solo mantuvo la luz encendida por un día, sino por ocho días, hasta que pudieron preparar más aceite!

El Templo fue restaurado y rededicado a la gloria del Dios de Israel. Se estableció una fiesta de ocho días, y se le llamó Hanuká (en hebreo: dedicación). Cada año, comenzando en el veinticinco de Kislev, la comunidad judía conmemora un milagro doble: el milagro del aceite, así como la victoria militar milagrosa.

Puede que algunas personas cuestionen nuestra inclusión de Hanuká con los días de fiesta "bíblicos". No se menciona junto con las fiestas de Levítico 23. Sin embargo, el *Tanaj* (El Testamento más Antiguo) revela que Hanuká es predicha claramente en escritos proféticos posteriores.

La visión del profeta Daniel tiene una descripción asombrosamente detallada de los eventos conectados con la fiesta de Hanuká. Daniel describe aquí de los reinos que vendrían a tener un impacto en Israel:

El macho cabrío es el rey de Grecia, y el cuerno grande que tiene entre los ojos es el primer rey. Los cuatro cuernos que salieron en lugar del que fue hecho pedazos simbolizan a los cuatro reinos que surgirán de esa nación, pero que no tendrán el mismo poder. (Daniel 8:21-22).

Esta es una descripción gráfica del surgimiento del imperio helenístico con su líder fuerte y central (el cuerno grande). El cuerno grande viene a ser hecho pedazos a través de la muerte prematura de Alejandro el Magno. Y sus cuatro generales (los cuatro cuernos) se reparten el reino en partes iguales. Pero Daniel nos da detalles aún más específicos:

Hacia el final de esos reinos, cuando los rebeldes lleguen al colmo de su maldad, surgirá un rey de rostro adusto, maestro de la intriga, que llegará a tener mucho poder, pero no por sí mismo. Ese rey causará impresionantes destrozos y saldrá airoso en todo lo que emprenda. Destruirá a los poderosos y al pueblo santo. Con su astucia propagará el engaño, creyéndose un ser superior. Destruirá a mucha gente que creía estar segura, y se enfrentará al Príncipe de los príncipes, pero será destruido sin la intervención humana. (Daniel 8:23-25)

De acuerdo a esta palabra recibida por Daniel, el punto focal del reino helenístico sería un líder que perseguiría al pueblo judío con un poder ajeno. Se magnificaría a sí mismo a través de sus palabras y ataques brutales, ¡tal y como Antíoco, que se llamaba a sí mismo Epífanes! Pero Dios había prometido que este rey malvado sería destruído sin la ayuda de una agencia humana.

¡La persecución fanática de los seléucidas es predicha junto con la liberación milagrosa por Dios! El milagro de Hanuká se menciona en las Escrituras Hebreas con tal detalle, que algunos estudiosos liberales sugieren que Daniel estaba escribiendo después de los acontecimientos y no proféticamente (ver los comentarios de Walvoord al respecto en *Daniel*, pág. 16 y las que le siguen). ¡Cuán importante es entender este tiempo de la historia! ¡Y cuán grande debe ser la celebración de Hanuká!

Celebración judía tradicional

Hanuká es un día de fiesta agradable con costumbres ricas en significado. Cada año, comenzando con el veinticinco de Kislev, la comunidad judía comienza sus ocho días de celebración. El foco de atención de la fiesta es la *hanukía,* la menorá de Hanuká con nueve brazos. La menorá normal, como la vemos en el símbolo moderno del estado de Israel, tiene siete brazos. Los ocho brazos de la menorá de Hanuká nos recuerdan el milagro del aceite que duró ocho días; y cada día se enciende el número apropiado de velas. Destaca entre los demás el noveno brazo (en el centro con cuatro brazos de cada lado), éste lleva la vela que se usa para encender las otras velas y se llama *shamash* ("siervo" en hebreo). La menorá se enciende después del crepúsculo, y normalmente le sigue una cena festiva.

Después de pronunciar las bendiciones, la tradición es cantar cantos festivos. Se disfruta entonces la cena, con sus platillos tradicionales. Debido al milagro del aceite, se acostumbra servir platillos fritos en aceite, como por ejemplo los *latkes* (panqueques de papa) y los *sufganiot* (bunuelos israelís). Puede que no sea lo mejor para nuestra dieta, ¡pero es una manera deliciosa de recordar el milagro de Dios en Hanuká!

Otro recuerdo del milagro de esta fiesta es el juego de *dreidels.* Estas peonzas pueden ser de plástico o de madera y llevan una letra hebrea diferente en cada uno de sus cuatro lados: *Nun, Gimel, Hey,* y *Shin* que representan la frase *Nes Gadol Hayá Sham* ("Un gran milagro ha sucedió ahí.") La historia detrás del dreídel es muy interesante.

Se cuenta que durante el período macabeo, los niños judíos de Judea, querían estudiar la Torá, pero las políticas antisemitas de los Sirios, lo hacían muy difícil. Crearon una solución muy creativa: Estudiarían los rollos de la Torá en las calles. Si se aproximaba un soldado extranjero, escondían rápidamente el rollo y sacaban los dreidels fingiendo estar absortos en un juego de tromposo o de peonzas! Cuando se iba el soldado, ¡reaunadaban el estudio de la Torá!

En la celebración moderna, se juega a los dreidels por diversión. Cada letra hebrea tiene su propio valor para llevar la cuenta. A los niños se les regala *gelt* (dinero) de Hanuká; que por lo general son monedas de chocolate cubiertas de papel aluminio, éstas se usan para apostar y hacer el juego más interesante.

Recientemente, la costumbre de dar regalos ha encontrado lugar en la celebración de esta gozosa fiesta. Muchas familias les dan a los niños gelt (dinero) de verdad, tal vez una moneda por cada año de edad que tengan. Estas tradiciones no tienen nada de malo, son tan solo una adaptación judía en respuesta a la costumbre navideña de obsequiar regalos.

La gente frecuentemente trata de establecer una conexión entre la Navidad y Hanuká, simplemente porque se llevan a cabo al mismo tiempo. Sin embargo, éstas celebran dos eventos totalmente distintos. La primera: el nacimiento del Mesías; y la otra: la liberación de Israel de la mano de sus opresores. Cualquier mezcla entre las dos celebraciones, a menudo es fabricada por el hombre. Sin embargo, hay una gran cantidad de razones convincentes para que los creyentes en Yeshúa celebren Hanuká.

Hanuká en el Nuevo Testamento

Por esos días se celebraba en Jerusalén la fiesta de la Dedicación (Hanuká). *Era invierno, y Jesús* (Yeshúa) *andaba en el templo, por el pórtico de Salomón.* (Juan 10:22-23)

Hanuká es una fiesta hermosa celebrada por el pueblo judío. Muchos conocen de las costumbres y de la historia de Hanuká. Tal vez hasta conozcan lo suficiente de las Escrituras para saber que esta fiesta se menciona proféticamente en el libro de Daniel. ¡Pero la mayor sorpresa, tanto para la comunidad judía como para la cristiana, es que la mención más clara de esta fiesta se encuentra en el Nuevo Testamento!

Las personas que normalmente celebran esta fiesta, los judíos, tienen escasas referencias bíblicas al respecto; pero aquellos que normalmente no celebran Hanuká, ¡tienen la referecia más explícita al respecto en el Nuevo Testamento!

Esto nos lleva a la primera razón por la que los creyentes en el Mesías quisieran entender y celebrar esta fiesta: el Mesías mismo la celebró. Yeshúa no solamente celebró Hanuká, sino que la guardó en el mismo Templo que había sido purificado y rededicado, tan solo unas generaciones antes, bajo los Macabeos.

Muchos estudiosos judíos aprecian un significado más profundo de Hanuká. Los editores de la muy popular *Artscroll Mesorah Series* declaran:

> *Entonces, la luz se enciende para dar inspiración, pues la luz del Mesías debe arder con intensidad en nuestros corazones* (Chanukah, Mesorah Publications, Brooklyn, 1981, pág. 104).

Esta es una conclusión lógica, porque así como Hanuká es una celebración de liberación, también ha venido a ser un tiempo para expresar la esperanza mesiánica. Así como los macabeos fueron usados por Dios para redimir a Israel, tal vez el redentor más grande, el Mesías, también vendría en este tiempo!

Con este entendimiento, podemos apreciar mejor las escenas que se desarrollaron cuando Yeshúa celebró la fiesta hace 2000 años en Jerusalén. Entre las festividades, Yeshúa fue contactado por algunos rabínos quienes le hicieron una pregunta muy sencilla: "¿Hasta cuándo vas a tenernos en suspenso? Si tú eres el Cristo (Mesías), dínoslo con franqueza" (Juan 10:24). La respuesta a esta pregunta muy apropiada se encuentra en el mensaje de Hanuká de Yeshúa. Él claramente reitera su declaración y las pruebas de ser el Mesías. (Juan 10:25-39).

Esto muestra la conexión verdadera entre Hanuká y la Navidad. Hanuká conmemora una victoria militar para Israel, y las implicaciones de esto son inmensas. Si Antíoco hubiera tenido éxito en su campaña de antisemitismo y destrucción, para el tiempo de Yeshúa, ya no hubieran existido los judíos. ¡El milagro de la Navidad solo podía suceder después del milagro de Hanuká! Ciertamente todos los creyentes en Yeshúa tienen razones importantes para guardar esta Fiesta de Dedicación. ¡El Mesías, nuestro libertador, ha llegado!

El cumplimiento profético

Al igual que todos los otros días de fiesta, existen lecciones espirituales grandes que aprender en Hanuká, como la luz, el valor y la fe. Tal vez la lección más vital, esté contenida en su nombre. Esta fiesta conmemora un tiempo cuando la adoración verdadera de Dios fue restaurada en Jerusalén. El Templo en Jerusalén ya no está en pie hoy en día. Pero el corazón de cada creyente verdadero en Yeshúa el Mesías y salvador, es el templo donde habita el Espíritu de Dios. Muy a menudo los creyentes ponen en peligro la limpieza de este Templo, permitiendo que entre la idolatría en sus vidas. De ahí la permanente exhortación de las Escrituras:

> *Huyan de la inmoralidad sexual. Todos los demás pecados que una persona comete quedan fuera de su cuerpo; pero el que comete inmoralidades sexuales peca contra su propio cuerpo. ¿Acaso no saben que su cuerpo es templo del Espíritu Santo* (Ruaj Ha-Kódesh)*, quien está en ustedes y al que han recibido de parte de Dios? Ustedes no son sus propios dueños; fueron comprados por un precio. Por tanto, honren con su cuerpo a Dios.* (1 Corintios 6:18-20).

¡Seamos en verdad templos para el Mesías, limpiados y dedicados para el uso del Maestro!

Una guía práctica para los creyentes en Yeshúa

Al buscar una expresión práctica para esta fiesta, los creyentes en el Mesías Yeshúa pueden incorporar muchas de sus tradiciones hermosas. La celebración se centra en la menorá y lo que representa. Cada noche, durante Hanuká, la familia y sus conocidos se pueden reunir para encender la menorá con el número apropiado de velas. Los brazos de la hanukía representan los ocho días de Hanuká, más una vela shamash que se usa para encender las otras.

En la primera noche de Hanuká, después de la puesta del sol, se enciende la vela shamash, y luego es usada para encender otra vela más en la Menorá. La segunda noche, encendemos el shamash una vez más y lo usamos para encender dos velas. Esto continúa durante las ocho noches de Hanuká. Se debe de tomar nota de que el número apropiado de velas se colocan en la menorá de derecha a izquierda, pero se encienden con el shamash de izquierda a derecha.

Durante el encendido del shamash y del número apropiado de velas, se cantan las siguientes bendiciones:

Barukj atah Adonai Elojenu melekj ja-olam,
asher kidshanu be-mitzvohtav,
ve-tzi-vanu le-jadlik ner, shel Hanuká.

Bendito eres Tú, oh Señor, nuestro Dios, Rey del universo,
que nos has santificado por medio de tus mandamientos
y nos has mandado encender la luz de Hanuká.

Estas son las bendiciones tradicionales usadas por el pueblo judío. Algunos creyentes en el Mesías han adaptado algunas de las palabras para reflejar su fe mesiánica. Por ejemplo: "...en el nombre de Yeshúa, la luz del mundo."

Barukj atah Adonai Elojenu melekj ja-olam,
Shi-asah nisim le-avotenu, bayamin ja-hen, bazman haze.

Bendito eres Tú, oh Señor, nuestro Dios, Rey del universo,
que has hecho milagros para nuestros padres en los días de
este tiempo.

Sólo en la primera noche, se agrega lo siguiente:

Barukj atah Adonai Elojenu melekj ja-olam,
She-je-kjiyanu ve-kiyamanu lazman haze.

Bendito eres Tú, oh Señor, nuestro Dios, Rey del universo,
que nos has guardado con vida, nos has sustentado
y nos has traído a este tiempo.

Después de encender las velas y cantar las bendiciones, es
apropiado elevar un coro de una de las canciones de Hanuká. En
seguida, es tiempo de sentarse a disfrutar de la cena festiva.

Cuando disfrute usted de estas costumbres maravillosas,
recuerde las lecciones importantes asociadas con la fiesta de la
Dedicación.

Recetas para Hanuká

<u>TORTITAS LATKES DE PAPA</u>

INGREDIENTES:

2 huevos

3 tazas de papas escurridas y ralladas

4 cucharadas de cebolla rallada

¼ de cucharadita de pimienta.

2 cucharadas de harina de matzá

½ taza de aceite o mantequilla

INSTRUCCIONES:

Bata los huevos y añada las papas ralladas, la cebolla, la pimienta, la harina de matzá y sal al gusto. Caliente la mitad del aceite o de la mantequilla en un sartén. Con una cuchara sopera tome la mezcla de la papa y póngala a freír en el aceite hasta que se cosan y queden doradas por ambos lados. Mantenga los panqueques calientes hasta se hayan frito todos y agrege más aceite o mantequilla si necesita. Estas cantidades alcanzan para servir aproximadamente 8 porciones. Sírvalas con puré de manzana o crema agria.

Como jugar al dreidel

Las letras hebreas *Nes, Gadol, Jayah, Sham,* significan "Un milagro sucedió ahí." Esas son las letras que están impresas en cada lado del dreidel.

INSTRUCCIONES PARA JUGAR:

1. *Entregue a cada jugador cantidades iguales de dulces o nueces.*
2. *Cada jugador coloca una pieza en el centro.*
3. *El primer jugador hace girar el dreidel y hace lo que diga el dreidel.*
4. *Cuando algún jugador obtiene un gimel, todos agregan una pieza más al centro.*
5. *Todos juegan su turno y al terminar cada quien puede comer sus nueces o dulces.*

Gimel	*Hay*	*Shin*	*Nun*
toma todo	toma la mitad	pon uno	toma cero

Manualidades para Hanuká

Imagen de Hanukiah

MATERIALES:

    cartel y pegamento, periódico

    fotos o ilustraciones de hanukiás

    semillas y similares (en recipientes o tazones pequeños)

INSTRUCCIONES:

    Extienda el periódico en una mesa y coloque el cartel encima del periódico. Muestre a la clase varias fotos o hanukiás de verdad (menorás de hanuká). Coloque los recipientes con semillas alrededor de la mesa y dele a cada niño una pequeña botella de pegamento. Muestre a los niños como colocar un poco de pegamento una sección pequeña a la vez en partes de la hanukía y como cubrir el pegamento con semillas. Repita la operación para cubrir las velas y sus flamas. Deje secar el pegamento y luego sacuda el exceso de semillas en el periódico. Exhiba el trabajo como cuadro en alguna pared, o boletín de avisos.

Una menorah de Hanuká sencilla (Hanukía)

MATERIALES:

    un trozo de madera de aglomerado, aproximadamente 7cm de ancho x 15cm de largo x 3cm de alto

    nueve tuercas de 2cm

    pegamento, brillantina y marcadores

İNSTRUCCIONES:

Pegue ocho de las tuercas en la tablilla. Pueden colocarse en línea recta o en semicírculo. Coloque la novena tuerca ligeramente separada de las otras, para que sea el "shamash." Decore la menorá con su propio diseño de pegamento y brillantina o con marcadores de colores.

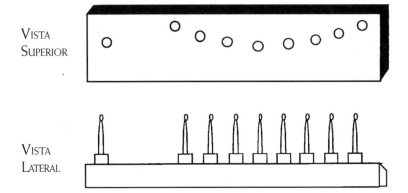

VISTA
SUPERIOR

VISTA
LATERAL

Música para Hanuká

Maoz Tzur

Moderadamente   *Tradicional*

Ma – oz   tzur   ye – shu – a – ti,   ja   na – eh   l'–sha–

bey   –   ah   ti – kon   beit   t' – fi – la – ti,

v'sham to – da   n' za – be   –   aj   L'eyt   la – jin   mat –

be   a   mi   –   tzar—   a – m'na – be – aj.

Az   eg – mor   b'–shir   miz – mor,   ja – nu – kal   ja – miz – be – aj

Sevivon

Aumento   *Canción tradicional*

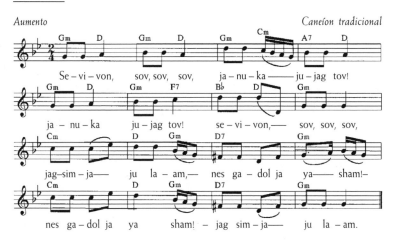

Se – vi – von, sov, sov, sov, ja – nu – ka —— ju – jag tov!

ja – nu – ka ju – jag tov! se – vi – von,—— sov, sov, sov,

jag–sim – ja—— ju la – am,— nes ga – dol ja ya—— sham!–

nes ga – dol ja ya sham! – jag sim – ja—— ju la – am.

TRADUCCIÓN:

Gira, Dreidel, gira. Hanukah es una buena fiesta. ¡Un gran milagro sucedió aquí!

9

Purim

La fiesta de Esther*

Antecedentes históricos

Mientras la comunidad judía considera a Purim como un "día de fiesta menor", aun así es un tiempo de gran gozo. Su mensaje importante se revela en el nombre *Purim*, que significa literalmente "suertes." Nos recuerda el período de la historia judía cuando se echaban "suertes" para decidir el día de la destrucción de los judíos. Afortunadamente, hay un Dios viviente que se aseguró que este plan malvado nunca llegara a cumplirse. Purim es el tiempo establecido por Dios para celebrar la protección de su pueblo, ante los peligros de sus enemigos.

Para poder entender mejor esta fiesta, tenemos que ir a uno de los tiempos más interesantes en la historia de los judíos, el tiempo de la primera dispersión en Persia (aproximadamente 450 años a.C.). Los acontecimientos de Purim se encuentran escritos en el libro de Esther, el cual recibe su nombre en honor a la heroína del relato bíblico.

---

*(N. del T. También conocida como la fiesta de las Suertes, o fiesta de Ayunos y Lamentaciones).

El Rey de Persia (el moderno Irán) era *Ajashveros* (Asuero), mejor conocido en la historia secular como Jerjes. Ajashveros tenía el control de un reino enorme, habiendo conquistado al imperio menguante de los babilonios. Entre los súbditos multiculturales de su reino se encontraba un remanente judío considerable desplazado de la tierra de Israel. Esta comunidad había sobrevivido y florecido bajo la benevolencia de los líderes persas. El pueblo judío ya se sentía en casa en su nueva tierra y se asimilaron dentro de la cultura persa predominante. Sin embargo, durante el reino de Ajashveros, las cosas tomaron repentinamente un curso fatal.

El instigador principal de estos problemas era uno de los oficiales del gobierno, Amán. Cuando Amán tomó poder, insistió en que se le debía rendir homenaje. Como buen ejecutor de las tradiciones paganas, Amán exigió que todos los sirvientes se inclinaran delante de él. Entre los siervos del rey se encontraba Mardoqueo, que anteriormente ya había descubierto una conspiración para matar al rey. Siendo judío, Mardoqueo era el único que se rehusaba a inclinarse ante Amán, ya que esto se consideraría idolatría.

La Escritura dice que Amán "se enfureció" ante tal insubordinación. Le surgió un deseo imperioso de terminar con todos los judíos de Persia (Esther 3). Para establecer la fecha de tal exterminación, Amán ideó un sistema malvado e insidioso, (una versión temprana de la "Solución Final" de Hitler). Echó suertes (*Pur* en hebreo; pur es la forma singular), para fijar la fecha en la cual iba a "exterminar, matar y aniquilar a todos los judíos —jóvenes y ancianos, mujeres y niños y saquear sus bienes en un solo día, el trece del mes duodécimo, es decir el mes de *Adar*". (Esther 3:13)

Para los judíos las cosas no podían empeorar más. Mientras Mardoqueo y su pueblo se entregaban al ayuno y la oración, se desarrolló un plan de rescate que le dio un giro extraño a los eventos. Una joven judía hermosa llamada Esther, recientemente había ganado el concurso de "Señorita Susa," y así fue nombrada la Reina de Persia. De pronto Mardoqueo, el tío de Esther, se dió cuenta que el hecho de tener una reina judía, era la gran "coincidencia" que podría ayudar a cambiar el curso de las circunstancias. Aunque Esther había alcanzado el pináculo de la sociedad persa, su tío usó unas palabras poderosas para desafiarla:

> *No te imagines que por estar en la casa del rey serás la única que escape con vida de entre todos los judíos. Si ahora te quedas absolutamente callada, de otra parte vendrán el alivio y la liberación para los judíos, pero tú y la familia de tu padre perecerán. ¡Quién sabe si no has llegado al trono precisamente para un momento como éste!* (Esther 4:13-14).

A la Reina Esther no le quedaba otra, mas que actuar ante tal petición. Arriezgando grandemente su vida, se acero abiertamente al rey Ajashveros con el dilema, solicitando la presencia del rey y de Amán en un banquete especial. Mientras tanto, en una noche de insomnio, el rey Ajashveros se puso a leer las crónicas de su corte, donde descubrió que Mardoqueo nunca había sido recompensado por salvar su vida. A través de esta "coincidencia," particular el rey decidió que tanto él, como sus siervos, deberían rendir homenaje a Mardoqueo por su hazaña heróica. Posteriormente, durante el banquete, Esther expuso la estratagema malvada de Amán. La reacción inmediata del rey fue ordenar que Amán fuera colgado en la misma horca que tenía preparada para Mardoqueo.

Con la ejecución de Amán, ahora el rey tenía que enfrentar el problema del decreto previamente publicado, que ordenaba la destrucción de los judíos. De acuerdo a la ley de los medos y persas, una ley ya decretada no podía ser anulada; sin embargo, se podían dictar leyes adicionales que sirvieran para evadir las consecuencias de la ley actual. Con esto en mente, el rey Ajashveros decretó que mientras los judíos estaban sujetos a ser atacados, tenían el derecho de armarse y defenderse con todo lo que tuvieran a su alcanse. Por lo tanto, el mismo día que había sido designado para la destrucción (13 de Adar), se convirtió en día de liberación y de gran gozo para la comunidad judía cuando resistieron con éxito los ataques de sus enemigos. Tal es la historia de la fiesta de Purim, como la encontramos escrita cerca del final del rollo de Esther:

Mardoqueo registró estos acontecimientos, y envió cartas a todos los judíos de todas las provincias lejanas y cercanas al rey Asuero (Ajashveros), exigiéndoles que celebraran cada año los días catorce y quince del mes de adar como el tiempo en que los judíos se libraron de sus enemigos, y como el mes en que su aflicción se convirtió en alegría, y su dolor en día de fiesta. Por eso debían celebrarlos como días de banquete y de alegría, compartiendo los alimentos los unos con los otros y dándoles regalos a los pobres... Por tal razón a estos días se los llamó Purim, de la palabra pur *(suerte).* (Esther 9:20-22,26).

El Dios de Israel se mostró una vez más ser fiel a sus promesas de velar por Israel (ver Génesis 12:3). ¡Y eso es muy buena razón para celebrar!

Celebración judía tradicional

Desde los tiempos de Esther y Mardoqueo, la fiesta de Purim ha conservado un lugar especial en el calendario judío. Y aunque al pasar de los años se han hecho ajustes, las fechas de este festival se especifican claramente en el libro de Esther. La fecha escogida por Amán para la destrucción de los judíos era el trece del mes bíblico de Adar. Al recordar lo sombrío de esos días, cada año la comunidad judía tradicional comienza un ayuno que dura de puesta de sol a puesta de sol. Esto también nos recuerda el tiempo cuando Mardoqueo y Esther iniciaron su ayuno de tres días, buscando la dirección de Dios (Esther 4:16). Debido a la liberación tremenda de aquel día, la celebración gozosa de Purim inicia a la puesta del sol en el 14 de Adar y continúa el 15 de Adar. El segundo día de Purim frecuentemente recibe a menudo el nombre de *Shushan Purim* (el Purim de Susa), porque cuando estaban en Persia, los judíos celebraron un día extra. (Esther 9:18).

Tal y como lo indica el libro de Esther, Purim debe ser un tiempo de gran alegría "compartiendo los alimentos los unos con los otros y haciendo obsequios a los pobres." (Esther 9:22). Cada uno de estos componentes está integrado en la celebración moderna de Purim.

El mandamiento de compartir los alimentos se cumple a través de una cena festival (llamada *Seudá*) con amigos y familiares, o en la sinagoga. Esto se lleva a cabo en la tarde del primer día de Purim. Este espíritu de compartir alimentos con los demás continúa a través del período entero.

Al igual que los otros días de fiesta, se preparan platillos tradicionales que tienen un significado simbólico. En el caso de Purim, tenemos las deliciosas galletas *hamantashen*. Son unas galletitas triangulares que están rellenas de mermelada o de cualquier otro relleno dulce. Hamantashen, es una palabra alemana/yídish, que significa "los bolsillos de Amán," en hebreo se les llama "las orejas de Amán" (*oznei Amán*). Estas golosinas interesantes le recuerdan al pueblo, de la Victoria sobre este antagonista terrible.

El gozo de compartir en Purim se manifiesta en otros elementos. Junto con la fiesta alegre de este día, el enfoque central del servicio en la sinagoga es el gozo. Ya que la historia de Purim tiene formato de cuento, el rollo de Esther (*Meguilá Esther*) se canta en hebreo como una forma dramática de relatar los acontecimientos. Esto se hace en la primera noche de Purim, y puede ser acompañado por una representación dramática llamada *Purim Shpiel*. Aquí el regocijo llega al máximo. Al leer el rollo, el villano Amán, recibe un abucheo vigoroso cada vez que se menciona su nombre. Y para borrar su nombre, se usan matracas llamadas *(groggers)*, o cualquier otro artículo que haga mucho ruido, ¡inclusive ruido ensordecedor! Por el contrario, cada vez que se menciona al héroe, Mardoqueo, se le aplaude y se le vitorea.

Purim es uno de los pocos días donde la sinagoga hace a un lado su seriedad y decoro para entrar en el gozo desenfrenado de la celebración. A través de la lectura de la *Meguilá*, el shpiel y el ambiente festivo, se siente el gozo verdadero de la liberación. La tradición rabínica inclusive ha llegado al grado de decir que uno debe entregarse al gozo bebiendo ¡hasta que ya no se sepa cuál es la diferencia entre Amán y Mardoqueo (*Megilot 7b*)! Esta es una actitud exagerada, pero ilustra el grado de gozo que va asociado con la fiesta de Purim.

Tal y como dicen las Escrituras, Purim no solo debe ser una celebración para los judíos redimidos, sino también un tiempo para enviar regalos a los pobres de la comunidad (Esther 9:22). El término hebreo *mishloaj manot,* que a menudo se traduce como *shlaj manos* en yídish, significa "porciones enviadas." Las cajas de shlach manos se preparan con comida, dulces y hamantashen. Es una de las maneras que le recuerda al pueblo judío a ayudar a los que son menos privilegiados.

Algunos rabinos han encontrado un aspecto mesiánico en esta fiesta. Ya que se trata de un día de liberación y de descanso de los problemas de la vida, Purim se ha identificado con el gran día de descanso que vendrá con el Mesías. En el siguiente comentario podemos ver dicha conexión:

> *El Patriarca Jacob había anhelado instituir que cada día de la semana fuera como el Shabat de los tiempos mesiánicos – totalmente saturado de la santidad del Shabat- pero no tuvo éxito porque esto era prematuro. Tuvo éxito, sin embargo, en que sus descendientes fueran capaces de saborear una pequeña muestra de este Shabat mesiánico, inclusive durante la semana, en tiempos como Hanuká y Purim* (Sfas Emes, como se cita en el libro *Artscroll Series* acerca de Hanuká, Pág. 107).

¡Ciertamente, Purim es una conmemoración maravillosa del plan de Dios para su creación y de cómo ese plan será implementado a través de la venida del Mesías!

El cumplimiento profético

Purim no se menciona directamente en el Nuevo Pacto, pero las lecciones de esta fiesta están presentes en todas sus páginas. La lección primordial se encuentra en la fidelidad de Dios hacia su pueblo pactado. En Génesis 12:3 encontramos que parte de la promesa para Abraham es la protección divina: "Bendeciré a los que te bendigan, y maldeciré a los que te maldigan; ¡Por medio de ti serán bendecidas todas la familias de la tierra!" La lección de Purim es sencilla, pero profunda: Dios será fiel a sus promesas. Cada vez que su pueblo sea amenazado con la destrucción, Dios interviene porque su carácter está en juego. El rabino Saulo de Tarso lo pone de la siguiente manera: "porque las dádivas de Dios son irrevocables, como lo es también su llamamiento." (Romanos 11:29). La mejor manera de sumarizar todo esto tal vez se encuentre en una sola palabra: "protección."

Pero el mensaje de Purim no debe limitarse tan solo a la historia antigua de Israel. Cada creyente en Yeshúa tiene también razones para celebrar. La protección consistente que recibe el pueblo judío, debe darle un sentido de esperanza y seguridad a todos los creyentes. Nuestro Dios cumple sus pactos y es fiel con todas las generaciones.

Una lección secundaria, pero no menos importante de Purim, es la responsabilidad de parte del hombre de cumplir la voluntad de Dios. Esther es el único libro de la Biblia sin referencia clara a Dios. Sin embargo, podemos verlo entre bastidores, llevando a cabo su plan perfecto. La historia también enfatiza la responsabilidad que tiene la gente de actuar para que la voluntad de Dios se lleve a cabo. Cuando la estratagema malvada de Amán se dio a conocer a la comunidad judía de Persia, hubo también un llamado al ayuno y a la oración. Vemos inclusive un llamado a tomar acción, como se vio en la exhortación de Mardoqueo a la Reina Esther:

> *Si ahora te quedas absolutamente callada, de otra parte vendrán el alivio y la liberación para los judíos, pero tú y la familia de tu padre perecerán. ¡Quién sabe si no has llegado al trono precisamente para un momento como éste!* (Esther 4:14).

El pueblo judío enfrenta hoy en día otro peligro inminente. Puede que no exista la amenaza de destrucción física como en los días de Amán, pero sí existe una amenaza inclusive más peligrosa, la amenaza de una catástrofe espiritual. Muchos se encuentran alejados del Dios de sus padres y del Mesías nombrado por él. No hay duda alguna de que últimamente Dios ha estado llamando a muchos judíos a venir a Yeshúa, pero los obreros son muy pocos. Purim debería servir como recordatorio a todos los creyentes, que Dios desea usar a los que están dispuestos a servir en el reino. ¿Quién sabe si usted no haya sido colocado bajo algunas circunstancias en particular, justo para un momento como éste? Que todos seamos embajadores fieles del Mesías, llevando el mensaje de la redención espiritual a todos los que nos rodean.

Una guía práctica para los creyentes en Yeshúa

Para ahora ya podrán apreciar que Purim tal vez es la fiesta más expresiva del calendario bíblico. El decoro formal que normalmente rodea a la sinagoga, se hace temporalmente a un lado para dar lugar a la alegría estruendosa de la celebración. Al igual que las otras fiestas, muchas costumbres judías pueden incorporarse a una expresión mesiánica. Por ejemplo, aunque no es ordenado por las Escrituras el ayuno de Esther en el trece de Adar, ciertamente corresponde con el espíritu de ayuno y de oración que también se enseña en el Nuevo Testamento. Puede que los creyentes escojan este día para interceder por la protección y salvación de Israel (ver Romanos 10:1).

Al cerrar el ayuno, comienza el primer día de Purim con el servicio de la sinagoga y la lectura de la Megillá. Ya que se considera un día de fiesta menor, no es requerido tener la acostumbrada cena con velas. Sin embargo, la preparación para el servicio de la sinagoga compensa por lo que se omite en lo que se refiere a la comida.

Puesto que habrá una lectura tradicional del libro de Esther, se anima a los participantes a llevar disfraces (bíblicos o de preferencia) para facilitar la representación de los papeles. Por lo tanto, se ven llegar al servicio muchas pequeñas Estheres y otros tantos pequeños Mardoqueos; ¡inclusive algunos Amanes atrevidos! Esta es una buena ocasión para deshacerse de las cohibiciones, por lo tanto, habrán personas disfrazadas de cualquier cosa. ¡desde el presidente de los Estados Unidos, hasta de *Mickey Mouse*! Podríamos pensar de Purim como una fiesta de disfraces santificada, con un mensaje importante.

Además de la diversión de los disfraces, todos los participantes deben traer matracas u otros artículos para hacer ruido. Hay groggers oficiales que se pueden comprar en una tienda de regalos judía, o fabricaciones de la casa (ollas con una cuchara, instrumentos de percusión, etc.) Cuando se menciona el nombre de Amán, todos activan sus instrumentos para hacer ruido. Si usted tiene talento creativo, puede que quiera escribir un Purim shpiel original que pueda actuarse para relatar la historia de Esther. Los creyentes en el Mesías pueden disfrutar del significado de estas costumbres, alegrándose en la justicia y la protección de Dios.

El día de Purim se aparta para la bendición de las cajas de shlaj manos. Si así lo prefieren, pueden organizar una reunión para hornear juntos las galletas hamantashen deliciosas. Preparar un regalo de amor así, para amigos o conocidos, es un hermoso detalle, sobre todo cuando viene en el nombre de Yeshúa. En verdad hay más dicha en dar, que en recibir (Hechos 20:35).

La mayoría de las congregaciones mesiánicas tienen servicios de Purim. Si usted no vive cerca de una, ¿por qué no invitar algunos amigos y llevar a cabo su propia celebración de Purim? Puede ser un tiempo maravilloso de aprendizaje y recocijo en la fidelidad del Dios de Israel.

Es el mismo Dios que desea bendecir nuestras vidas personales hoy en día. ¡Purim es un tiempo de gran gozo para los creyentes en Yeshúa Ha-Mashíaj!

Recetas para Purim

HAMANTASHEN

Nota: La masa debe prepararse y refrigerarse varias horas, o toda la noche, antes de usarla.

INGREDIENTES:

1   taza de mantequilla o margarina

1   taza de azúcar

2   yemas de huevo

½   cucharadita de sal

3   tazas de harina

1   cucharadita de royal (polvo para hornear)

⅓   de taza de leche

    Harina para aplanar

    Rellenos

INSTRUCCIONES:

Acremar la mantequilla, el azúcar, las yemas y la vainilla. Mezclar esto con los ingredientes secos y la leche. Divida la masa en dos partes iguales y refrigerare en papel encerado. Después que la masa esté fría, pónga sobre una tabla, y aplane con un rodillo, utilizando harina para que no se pegue, hasta que tenga 1/8 de pulgada de grueso (4-5 milímetros). Corte en círculos usando un vaso como guía. Coloque las galletas en una lamina de metal para hornear galletas, y ponga un poquito del relleno en el centro de cada una. Doble tres orillas hacia el centro y una las esquinas para formar un triángulo. Hornear a 350ºF (180° C) por 8—10 minutos.

RELLENOS:

Puede usar rellenos preparados para pastel, mermeladas o rellenos enlatados ciruela pasa, albericoque, o semillas de amapola. En seguida encontrará la receta para dos rellenos que hacemos:

RELLENO DE DÁTILES

INGREDIENTES:

> 1 lb. (½ kilo) de dátiles picados
> ¼ taza de azúcar
> 1 ½ tazas de agua

INSTRUCCIONES:

Poner los tres ingredientes en una olla y cocerlos a fuego lento por diez minutos, moviéndolos hasta que se haga una mezcla gruesa. Enfriar antes de usar. Con esta receta podrá rellenar 3 hornadas de masa de hamentashen.

RELLENO DE ALBERICOQUES Y QUESO

INGREDIENTES:

> 8 oz. queso fresco cremoso, ablandado
> 4 oz. albericoques secos, finamente picados
> azúcar al gusto

INSTRUCCIONES:

Acremar el queso fresco cremoso ya ablandado y agregue la azúcar y los albericoques.

SOPA DE LENTEJAS ESTILO "DANIEL"

INGREDIENTES:

1	cebolla
1 lb.	(½ kilo) de pollo partido, sin la piel
2	cucharadas de aceite
2	zanahorias
2	ramos de apio
4	tazas de agua
16	oz. lata de salsa de tomate
½	lb de lentejas
½	cucharadita de ajo, otra de pimienta y otra de perejil picado

INSTRUCCIONES:

Picar la cebolla y poner en una olla con el pollo y el aceite. Saltear por 5 minutos, mover de vez en cuando. Picar las zanahorias y el apio en trozos pequeños de media pulgada y agregue a la olla.

Agregue el agua, la salsa de tomate, las lentejas y especies. Después que hierva, cocer a fuego lento por una hora y media hasta que las lentejas estén suaves. Saque el pollo, desmenuce y regrese a la sopa.

Manualidades para Purim

Groggers (matracas)

MATERIALES:

platos de papel pequeños o tubos de papel sanitario

marcadores, crayones o lápices de colores

engrapadora o cinta adhesiva protectora o cinta de enmascarar

frijoles crudos o granos de maíz

INSTRUCCIONES:

Para las matracas hechas con platos de papel, haga que los niños decoren la parte posterior de los platos. Coloque un puñado de frijoles o maíz enmedio de dos platos. Grape el perímetro de los platos, asegurándose que no se salga su contenido. En lugar de grapas, también se pueden sellar los bordes de los platos con cinta adhesiva.

Para las matracas de tubo, decore el tubo, tal y como está. Cubra un extremo del tubo con papel, y meta un puñado de frijoles o maíz. Termine cubriendo el otro extremo con papel de la misma manera que el primero.

Disfraces con bolsas de papel (del supermercado)

MATERIALES:

bolsas de papel grandes

tijeras

plumones, crayolas o lápices de colores

pintura (opcional)

INSTRUCCIONES:

Para los sombreros: Enrolle la bolsa hacia arriba, dejando que sobresalga el borde como una corona. Pinte la corona y déjela secar.

Para los sacos: Haga un corte en el centro de uno de los lados anchos de la bolsa. Luego haga un orificio para la cabeza en el centro de la parte superior. Corte otros dos orificios para los brazos de cada lado y luego decore.

Música para Purim

Hag Purim

Aumento   *Cancíon tradicional*

Jag   Pu – rim,   jag   Pu – rim,   jag   ga – dol   ju
es   Pu – rim,   es   Pu – rim,   con – go – zo – hay que

la – yeju – dim,   Ma – se – jot   ra – sha – nim,
ce – le – brar,   la – faz – hay   qu en   mascarar,

shi – rim veri – ku – dim,   ja – va – nar – i – sha,
can – ta y gri – ta   i hay!   haz   más ru – i – do

rash, rash, rash   ja – va – nar – i – sha, rash, rash, rash
rash, rash, rash   haz más ru – i – do   rash, rash, rash

ja – va–nar – i – sha, rash, rash, rash   ba – ra – sha – nim
haz más ru – i – do   rash, rash, rash   pues purim   lle – gó

TRADUCCIÓN:

Purim ha llegado, Purim ha llegado, el tiempo más gozoso
de todo el año. Cubrid los ojos en disfraz. ¡Cantad y aclamad!
¡Girad los mirlitones, traz, traz, traz! ¡Girad los mirlitones, traz,
traz, traz! Pues Purim ha llegado.

CONCLUSIÓN

El gozo de los días de fiesta

¡Que trayecto asombroso es el viajar por las fiestas bíblicas! Con este recorrido hemos visto la herencia rica que poseen los creyentes en Yeshúa. Los días festivos no solo son un recordatorio de la fidelidad de Dios en el pasado, sino también de sus planes futuros para el mundo al regreso de Yeshúa el Mesías.

Mi oración es que este libro sea una herramienta valiosa para poder entender mejor a Dios. Igualmente, es mi esperanza que todos los creyentes puedan celebrar su fe al incorporar estas fiestas en sus vidas espirituales.

Pero sobre todo, confío en que al entender y al experimentar las fiestas bíblicas, ellas otorgarán una sensación renovada de gozo. Cada fiesta, cada costumbre y cada tradición, dirige nuestra atención a la redención actual en el Mesías y en el Reino venidero de Dios. Es con mucha razón que la Torá dice: "¡regocíjense en sus fiestas!"

Espero que aquel gozo espiritual sea suyo de una nueva manera mientras celebra el significado completo de los tiempos establecidos por Dios.

APÉNDICE 1

Perspectiva general de los tiempos establecidos por Dios

Fiesta y Fecha/Tema/Escritura del Tanaj/Escritura del Nuevo Pacto/Acontecimiento Histórico/Acontecimiento Profético

SHABAT/EL SÁBADO
- Séptimo día de la semana (puesta del sol del viernes hasta la puesta del sol del Sábado)
- El descanso
- Éxodo 20:8-11
- Hebreos 4:9
- La creación del mundo
- El Eterno Reino Celestial de Dios

PÉSAJ/LA PASCUA Y HAG HAMATZOT
- 14 de Nisan—22 de Nisan (marzo/abril)
- La redención
- Éxodo 12:6-11
- 1 Corintios 5:7
- La libertad de la esclavitud en Egipto
- La Muerte del Mesías

Sefirat HaOmer/La Cuenta de la Ofrenda de Gavillas

- Empieza el 15 de Nisan/50 días hasta Shavuot (marzo/abril)
- La cosecha temprana de las primicias (Bikurim)
- Deuteronomio 16:9-12
- 1 Corintios 15:20
- La cosecha de cebada en Israel
- La Resurrección del Mesías (3er día)

Shavuot/Las Semanas del Pentecostés

- Quincuagésimo (50°) día después de la Pascua/el 6 de Sivan (mayo/junio)
- La cosecha tardía de las primicias
- Deuteronomio 16:9-12
- Hechos 2:1-5, 41
- La cosecha de trigo en Israel
- El derramamiento del Espíritu Santo sobre la primera cosecha de nuevos creyentes judíos

Rosh HaShaná/El Año Nuevo

- 1° de Tishri (septiembre/octubre)
- El arrepentimiento
- Joel 2:1
- 1 Tesalonicenses 4:13-18
- Reuniéndose para regresar a Dios
- El rapto/Recogimiento de los creyentes al Mesías

Yom Kipur/El Día de la Expiación

- 10 de Tishri (septiembre/octubre)
- La expiación
- Levítico 16:29-30
- Romanos 11:25-27
- La expiación anual por los pecados de la nación israelita
- La salvación de la nación israelita en la segunda venida de Mesías

Sukot/Los Tabernáculos

- 15 de Tishri—22 de Tishri (septiembre/octubre)
- La morada

- Zacarías 14:16
- Apocalipsis 21:1-4
- La morada de Dios con Israel en el desierto
- La morada de Dios con todos los creyentes durante los 1000 años del Reino Mesiánico terrenal

HANUKÁ/LA REDEDICACIÓN

- 25 de Kislev—2 de Tivet (noviembre/diciembre)
- La rededicación
- Daniel 8:23-26
- Mateo 24:15-22
- La rededicación del Templo en Jerusalén después de la victoria contra los griegos en 164 a. de C.
- La Batalla de la Gran Tribulación en el Israel de los últi mos días

PURIM/LAS SUERTES

- 14 de Adar (febrero/marzo)
- La protección
- Ester 9:20-22
- Romanos 11:29
- La protección de los judíos en la antigua Persia en 450 a. de C.
- La fidelidad de Dios en cumplir Sus promesas

APÉNDICE 2

Referencias rabínicas adicionales a las fiestas judías
(B. = Talmud de Babilonia; J. = Talmud de Jerusalén/Palestino)

SHABAT/EL SÁBADO:

1) B. Bava Kama 2a = Con respecto al Shabat, hay 39 mandamientos avot/paternales y innumerables mandamientos toldot/descendientes.

2) B. Shabat 118a = Shabat es un día gozoso el cual incluye tres comidas festivas.

3) B. Taanit 27b = Es prohibido ayunar en Shabat.

4) B. Shabat 11a = Se debería honrar al Sábado con comida, vestido, y enfoque especial sobre asuntos espirituales.

5) Éxodo Rabá 25:12 = "Sí Israel guarda un Sábado tal cómo se debería guardar, vendrá el Mesías."

6) Maimónides, Guía, 2 = Cada semana, Shabat enseña la verdad que Dios creó el mundo.

Pésaj/La Pascua y Hag HaMatzot/Los Panes sin Levadura:

1) J. Pésajim 10:1 = Aun el hombre más pobre no puede comer la cena de la Pascua sin reclinarse.

2) J. Pésajim 10:3 = Se debe usar la agua salada o el rábano picante para la sumersión durante el Séder.

3) J. Pésajim 5:7 = Se debe recitar los Salmos 115-118 al final de la cena porque en la época del Templo estos se cantaban durante la ofrenda del cordero pascual.

4) J. Pésajim 10:5 = "Uno se debe considerar como sí uno mismo hubiera salido de Egipto."

5) J. Pésajim 35a = Se considera que el jametz (la levadura) se encuentra en cinco tipos de granos: el trigo, la cebada, la espelta, el centeno, y la avena. La tradición askenazí (europea) posterior añadió el arroz, el mijo, el maíz, y las legumbres.

6) J. Pésajim 115b = La matzá del medio la cual es partida se llama el "pan de la aflicción."

Sefirat HaOmer/La Ofrenda de las Gavillas:

1) B. Yevamot 62b = El periodo de 49 días de la Sefirá (cuenta) es un tiempo de tristeza regresando a algunas tragedias de la Segunda Revuelta Judía contra Roma (132-135 d. C.). En términos prácticos, esto se ha llegado a entender que se prohíben matrimonios, al igual que los cortes de cabello y el uso de instrumentos musicales, durante este tiempo.

2) B. Yevamot 140 = El tiempo de medio-luto se levanta por el día de Lag BeOmer (el día 33) porque éste fue el día que una plaga se levantó del ejercito judío de la revuelta.

3) J. Bikurim 1:3 = Durante los 49 días, la ofrenda de las Primicias debían ser de siete tipos de frutas de la Tierra Santa: la cebada, el trigo, las uvas, los higos, las granadas, el aceite de oliva y la miel de dátiles.

4) J. Bikurim 3:3 = En la época del Templo, un gran procesional de alabadores marcharían dentro de Jerusalén a presentar sus Primicias acompañados por canto y música.

5) J. Bikurim 3:6 = El sacerdote menearía la canasta de cebada en el aire mientras pronunciaba las bendiciones.

SHAVUOT/EL DÍA DE PENTECOSTÉS:

1) B. Shabat 86b = Los rabinos interpretaron que este era justo el día de la dádiva de los Diez Mandamientos en el Monte Sinaí.

2) Éxodo Rabá 29:9 = "Cuando Dios dio la Torá, ningún pájaro cantó ni voló, ningún buey bramó, los ángeles no volaron, los Sefarim cesaron de decir, 'Santo, Santo'; el mar estaba en calma, ninguna criatura habló; el mundo estaba callado y aún la voz divina dijo: 'Yo soy el Señor tu Dios.'"

3) J. Rosh HaShaná 1:2 = Se acostumbra decorar la sinagoga con follaje y flores como el Monte Sinaí en la primavera y también porque Shavuot es el día de juicio para los árboles.

4) Maimónides, Yad, Shevitat Yom Tov, 6:18 = "Mientras uno come y toma, es su obligación darle de comer al extranjero, el huérfano, a la viuda, y otros pobres" y sí no, no cuenta como regocijo verdadero.

5) Éxodo Rabá 27:9 = La Torá se les ofreció primero a las naciones gentiles pero rehusaron aceptarla. Israel tiene bendición y responsabilidad adicional por aceptar la llamada de la Torá.

Rosh HaShaná/El Año Nuevo:

1) Pirke De-Rabíno Eliezer, 46 = Los 40 días desde el comienzo del mes de Elul hasta el Día de la Expiación es un tiempo de gran solemnidad y examen introspectivo.

2) Tosefta, Rosh HaShaná 1:12 = "Todos son juzgados en Rosh Hashaná y el veredicto es sellado en Yom Kipur."

3) B. Rosh HaShaná 16b = "Tres libros se abren en Rosh Hashaná, uno para los totalmente malos, uno para los perfectamente rectos y uno para los intermediaros."

4) B. Rosh HaShaná 11a = La creación del mundo se terminó el primero de Tishri.

5) B. Rosh HaShaná 26b = El shofar es doblado o encorvado en forma para simbolizar el espíritu humilde apropiado en el día santo.

6) Midrash Ma'ase Daniel, 225 = "Mesías hijo de David, Elías y Zorobabel, la paz este sobre él, ascenderán el Monte de los Olivos. Y Mesías mandará a Elías que suene el shofar...y hará que los muertos se levanten. Todos vendrán al Mesías de los cuatro ángulos de la tierra."

Yom Kipur/El Día de la Expiación:

1) B. Rosh HaShaná 11a = "Israel será redimido en el mes de Tishri."

2) B. Sanedrín 97b = "El mundo perdurará no menos de ochenta y cinco ciclos de Jubileo y en el último ciclo de Jubileo el Mesías, el Hijo de David, vendrá." *Nota: El Año de Jubileo siempre cae en Yom Kipur (Levítico 25:9-10).

3) B. Yoma 11 a = Para cumplir la definición rabínica de "afligirse", se es prohibido comer, tomar, bañarse, ungirse, usar el cuero y tener relaciones conyugales.

4) Maimónides, Hil. Shevitat Asor 2:9 = Aquellos que estén enfermos, embarazadas o de otra manera débiles están exentos del ayuno en Yom Kipur.

5) Mishná Berurá 4 = Puesto que Yom Kipur es tan sagrado, es el único culto durante el año donde se usa un talit/manto de oraciones en la noche.

6) B. Yoma 39b = "Nuestro Rabinos enseñaron: Durante los cuarenta años posteriores antes de la destrucción del Templo (30 d. C.), la suerte para el Señor no salio en la mano derecha; ni tampoco se hizo blanca la faja carmesí (cfr. los cabrios relatados en Levítico 16).

SUKOT/LOS TABERNÁCULOS:

1) Levítico Rabá 30:12 = Las cuatro especies de fruta usadas para Sukot (el etrog, el lulav, el mirto, el sauce) son simbólicos de las cuatro tipos de personas (los estudiosos con buenas acciones, los estudiosos sin buenas acciones, las buenas acciones sin el estudio, y sin buenas acciones ni estudios).

2) B. Suká 52b = Los sacrificios de los 70 bueyes de la Torá (Números 29:13ff) representan las 70 naciones del mundo. Así, Sukot debe ser un día de fiesta internacional en el Reino Mesiánico.

3) B. Suká 37b = Debemos menear el lulav y el etrog a los cuatro puntos del compás más arriba y abajo para simbolizar el dominio omnipresente de Dios.

4) B. Suká 55a = Mientras el sacerdote derramaba el agua sobre el altar en Sukot, se consideraba un retrato profético del día cuando el Espíritu Santo sería derramado sobre Israel (cfr. Isaías 12:3).

5) J. Suká 5:1 = "Cualquiera que no haya visto el retiro del agua en Sukot no ha sido testigo al gozo real en su vida."

HANUKÁ/LA REDEDICACIÓN:

1) B. Shabat 21b = Hanuká es la celebración del milagro del aceite el cual duró por ocho días mientras se rededicaba el Templo en 164 a. de C.

2) B. Shabat 24a = La Menorá se debe colocar donde es claramente visible afuera de la casa para proclamar el milagro al público.

3) Shuljan Arúj, Oraj Jayim 673:1 = Se debe usar una vela shamash/sirviente para alumbrar a las otras ocho velas de la fiesta.

4) Maimónides, Yad, Va-Hanuká 4:12 = "Aun el que saca su sustento de la caridad, debe prestar o vender su manto para comprar aceite y una menorá para encender en Hanuká."

PURIM/LAS SUERTES:

1) B. Meguilá 14a = Las leyes con respecto al Festival de Purim son directamente de Dios aunque llegaron mucho después que la Torá haya sido pronunciada a Moisés.

2) B. Meguilá 4a = Se acostumbra leer el rollo (meguilá) de Ester entero en el servicio anual de la sinagoga para Purim.

3) B. Meguilá 16b = Es la práctica del lector de la meguilá leer los nombres de los diez hijos de Amán en una sola exhalación para no regodearse en la derrota de nuestros enemigos.

4) B. Berajot 54a = Es una tradición pronunciar oraciones especiales de acción de gracias cuando uno escapa de una situación peligrosa basado en el milagro de Purim.

APÉNDICE 3

Las lecturas tradicionales de la sinagoga para los Días Sagrados más Lecturas sugeridas del Nuevo Pacto (Nota: La Meguilá es el rollo adicional leído.)

Shabat/El Sábado: El ciclo semanal de Parashá (Génesis-Deuteronomio más las lecturas seleccionadas de los Profetas), el cual se encuentra en los calendarios judíos. El calendario de Messianic Jewish Publishers también incluye lecturas del Nuevo Pacto.

Pésaj/La Pascua: (Primer Día) Torá = Éxodo 12:21-51;
    Números 28:16-25
Haftorá = Josué 5:2-6:1
Nuevo Pacto = Lucas 22:7-20
Meguilá = Cantar de los Cantares
(Segundo Día) Torá = Levítico 22:26-23:44; Números 28:16-25
Haftorá = 2 Reyes 23:1-9, 21-25
Nuevo Pacto = 1 Corintios 15:20-28

Shavuot/El Día de Pentecostés: (Primer Día) Torá = Éxodo
    19:1-20:26; Números 28:26-31
Haftorá = Ezequiel 1:1-28; 3:12
Nuevo Pacto = Hechos 2:1-21, 37-41
Meguilá = Libro de Rut

(Segundo Día) Torá = Deuteronomio 14:22-16:17; Números 28:26-31
Haftorá = Habacuc 2:20-3:19
Nuevo Pacto = Santiago 1:12-18

Rosh HaShaná/El Año Nuevo: (Primer Día) Torá = Génesis 21:1-34; Números 29:1-6
Haftorá = 1 Samuel 1:1-2:10
Nuevo Pacto = 1 Tesalonicenses 4:13-18

(Segundo Día) Torá = Génesis 21:1-24; Números 29:1-6
Haftorá = Jeremías 31:1-9
Nuevo Pacto = Mateo 24:21-31

Yom Kipur/El Día de la Expiación: Torá = Levítico 16:1-34; Números 29:7-11
Haftorá = Isaias 57:14-58:14
Nuevo Pacto = Romanos 3:21-26

Sukot/Los Tabernáculos: (Primer Día) Torá = Levítico 22:26-23:43; Números 29:12-16
Haftorá = Zacarías 14:1-21
Meguilá = Libro de Eclesiastés
Nuevo Pacto = Apocalipsis 21:1-4

(Segundo Día) Torá = Números 29:17-19
Haftorá = 1 Reyes 8:2-21
Nuevo Pacto = Juan 1:1-14

Hanuká/La Rededicación: (En Shabat) Torá = Parashá para la semana
Haftorá = Zacarías 2:14-4:7
Nuevo Pacto = Juan 10:22-30

Purim/Las Suertes: Torá = Éxodo 17:8-16
Meguilá = Libro de Ester
Nuevo Pacto = Romanos 11:25-36

BIBLIOGRAFÍA

Birnbaum, Philip. *A Book of Jewish Concepts*. New York: Hebrew Publishing Company, 1975.

——, ed. *Maimonides Code of Law and Ethics: Mishneh Torah*. New York: Hebrew Publishing Company, 1974.

Buxbaum, Yitzhak. *Jewish Spiritual Practices*. Northvale: N.J. Jason Aronson Inc., 1994.

Central Conference of American Rabbis. *Rabbi's Manual* Philadelphia: Maurice Jacobs, Inc., 1961.

Cohen, A. *The Five Megilloth*. New York: Soncino Press, 1983.

Cohn, Haim. *The Trial and Death of Jesus*. New York: Ktav Publishing House, 1977.

Connolly, Peter. *Living in the Time of Jesus of Nazareth*. Tel Aviv: Steimatzky Ltd., 1988.

Davies, W.D. *Paul and Rabbinic Judaism*. Philadelphia: Fortress Press, 1980.

Donin, Hayim Halevy. *To Be a Jew*. New York: Basic Books, 1972.

Edersheim, Alfred. *The Life and Times of Jesus the Messiah*. Grand Rapids: Eerdmans Publishing, 1984.

————. *Sketches of Jewish Social Life in the Days of Christ.* Grand Rapids: Eerdmans Publishing, 1978.

Encyclopedia Judaica. Jerusalem: Keter Publishing House, 1972.

Epstein, Isidore, ed. *Hebrew-English Edition of the Babylonian Talmud.* London: The Soncino Press, 1960.

Fischer, John. *Messianic Services for the Festivals & Holy Days.* Palm Harbor, Fla.: Menorah Ministries, 1992.

Fischer, John, and David Bronstein. *Siddur for Messianic Jews.* Palm Harbor, Fla.: Menorah Ministries, 1988.

Flusser, David. *Jewish Sources in Early Christianity.* Tel Aviv: MOD Books, 1989.

Freedman, H., and Maurice Simon. *The Midrash Rabbah: Exodus Rabbah.* London: The Soncino Press, 1977.

Fruchtenbaum, Arnold. *Hebrew Christianity: Its Theology, History and Philosophy.* San Antonio: Ariel Press, 1983.

————. *Israelology: The Missing Link in Systematic Theology.* Tustin, Calif.: Ariel Ministries Press, 1993.

Goldberg, Louis. *Our Jewish Friends.* Neptune, N.J.: Loizeaux Brothers, 1984.

Gower, Ralph. *The New Manners and Customs of Bible Times.* Chicago: Moody, 1987.

Greenberg, Jeremiah. *Messianic Wedding Ceremony.* Tape. Odessa, Fla.: Messianic Liturgical Resources, 1995.

Hilton, Michael, and Gordian Marshall. *The Gospels & Rabbinic Judaism.* Hoboken, N.J.: Ktav Publishing House, 1988.

luster, Daniel. *Jewish Roots.* Gaithersburg, Md.: Davar, 1986.

Kasdan, Barney. *God's Appointed Times.* Baltimore: Lederer Messianic Publications, 1993.

Kesher—A Journal on Messianic Judaism 1 (July 1994).

Klausner, Joseph. *Jesus of Nazareth.* New York: Menorah Publishing Company, 1979.

Klein, Isaac. *A Guide to Jewish Religious Practice.* New York: The Jewish Theological Seminary Of America, 1979.

Lachs, Samuel Tobias. A *Rabbinic Commentary on the New Testament*. Hoboken, N.J.: Ktav Publishing House, 1987.

Lamm, Maurice. The Jewish Way in Death and Mourning. New York: Jonathan David Publishers, 1969.

Lash, Neil and Jamie. *The Jewish Wedding*. Tape. Fort Lauderdale: Love Song to the Messiah, 1990.

Neusner, Jacob, ed. *The Talmud of the Land of Israel* (Jerusalem Talmud]. Chicago: The University of Chicago Press, 1982.

Olitzky, Kerry and Ronald Isaacs. *The How to Handbook for Jewish Living*. Hoboken, N.J.: Ktav, 1993.

———. *The Second How to Handbook for Jewish Living*. Hoboken, N.J.: Ktav, 1996.

Patai, Raphael. *The Messiah Texts*. New York: Avon Books, 1979.